城市低收入人群出行方式选择机理与交通改善策略

陈学武　程　龙　著

东南大学出版社
SOUTHEAST UNIVERSITY PRESS
·南京·

内容提要

本书基于"特征分析—机理揭示—对策建议—效果评估"四个层次,系统论述了低收入人群出行方式选择机理及其交通改善策略。具体内容包括:将主观态度潜变量引入出行方式选择模型分析,从潜变量的角度研究活动—出行决策行为,为基于活动的出行需求分析理论研究拓展了思路;建立低收入人群出行决策的主观态度模型,研究影响主观态度的家庭属性和个人属性的具体构成,揭示了各属性对主观态度的作用机理;设计了"因子分析+结构方程模型+K-means 聚类分析"的市场细分流程,对低收入人群的出行市场进行细分,剖析产生公交选择差异的主观态度方面的原因,以此提出了差异化的公交出行改善建议;量化评价了不同交通改善对策效果,预测模拟低收入人群的出行方式变化情况,为城市管理者制定低收入人群出行保障机制提供理论依据。

本书可供交通运输工程与城市规划学科的研究生使用,也可供交通行为分析与建模领域的学者和研究人员、城市交通行业管理人员参考。

图书在版编目(CIP)数据

城市低收入人群出行方式选择机理与交通改善策略 / 陈学武,程龙著. —南京:东南大学出版社,2018.7
ISBN 978-7-5641-7892-5

Ⅰ.①城… Ⅱ.①陈… ②程… Ⅲ.①城市交通运输—交通运输管理 Ⅳ.①F57

中国版本图书馆 CIP 数据核字(2018)第 174950 号

城市低收入人群出行方式选择机理与交通改善策略

著　者	陈学武　程　龙
出版发行	东南大学出版社
社　址	南京市四牌楼 2 号　邮编:210096
网　址	http://www.seupress.com
出 版 人	江建中
印　刷	江苏凤凰数码印务有限公司
排　版	南京新翰博图文制作有限公司
开　本	700 mm×1000 mm　1/16　印张:12.25　字数:180 千字
版 印 次	2018 年 7 月第 1 版　2018 年 7 月第 1 次印刷
书　号	ISBN 978-7-5641-7892-5
定　价	58.00 元
经　销	全国各地新华书店
发行热线	025-83790519

本社图书若有印装质量问题,请直接与营销部联系。电话(传真):025-83791830

前　　言

随着我国城市社会经济的高速增长,城市交通难题也愈演愈烈,现有的交通服务难以契合城市发展,导致城市交通拥堵严重,极大地影响了城市功能的正常运转。低收入人群作为城市居民中的出行弱势群体,面临的交通问题更加严峻。低收入群体通常和城市的建设、服务、运营息息相关,是城市建设和城市功能运转的重要承担者。然而目前在低收入人群的日常活动特征、出行方式选择机理等方面缺少科学、系统的研究,也一直未能提出针对低收入群体的出行保障机制。随着全面建成小康社会的推进,重要目标是使全体人民不分阶层职业、民族区域、性别、年龄,都能共享社会进步的文明成果,其核心在于全面提高人民生活水平,所谓"全面"即总体实现基本公共服务均等化。城市低收入人群不仅是社会结构的有机构成和城市经济发展的重要人力资源,更是社会稳定、和谐发展的重要保证。因此,研究解决低收入人群交通问题有利于促进和谐社会的建设,分析居民出行方式在交通供需作用下的变化情况,对于增强交通需求预测分析和需求管理措施评价的理论基础和实践运用也具有重要意义。

本专著依托国家自然科学基金项目"大城市低收入人群活动——出行模式与感知成本作用机理研究"(51178109)和"居住外迁个体通勤活动链中的多维出行决策机理"(51378120),聚焦城市低收入人群的出行方式决策行为,研究分为"特征分析—机理研究—对策建议—效果评估"4个层次:首先分析城市低收入人群的出行方式特征;其次研究影响低收入人群的出行方式选择因素,揭示低收入人群的出行行为决策机理;然后提出针对低收入人群的交通改善策略;最后分析不同交通政策下低收入人群的出行方式选择结果,评估对策效果。

按主要研究内容"数据采集—特征分析—机理研究—改善对策—预测评

价"将全书分为 10 章。第 1 章为绪论，介绍研究背景、意义、目的及采用的技术路线。第 2 章对常见的低收入人群界定标准进行介绍，然后从低收入人群的出行特征、出行行为的影响因素，以及交通改善政策等方面综述国内外研究现状。第 3 章对研究所用的理论方法进行介绍，包括非集计模型理论、结构方程模型理论和支持向量机理论。第 4 章设计以家庭为单位的出行调查方案并开展问卷调查，编程对数据进行清洗，提取出行链。第 5 章对比分析低收入人群与非低收入人群的出行方式选择差异特征，研究不同家庭属性、个人属性、活动属性与出行方式选择的相关关系。第 6 章从非集计层面建立态度—行为模型对影响低收入人群出行方式选择的因素进行研究。第 7 章基于边际效应和弹性理论对不同出行需求进行灵敏度分析，提出交通改善策略以满足差异化需求。第 8 章对低收入人群公交出行市场进行细分研究，提出了出行机动性提升策略。第 9 章基于支持向量机的一维敏感性分析方法，对低收入人群出行改善对策的预期效果进行评估。第 10 章以抚顺市为案例分析，从城市用地发展策略、慢行交通系统改善策略、公共交通服务改善策略和交通补贴策略给出了低收入人群出行改善的具体实施措施。

研究成果将弥补低收入人群活动—出行特征研究方面的不足，丰富居民活动—出行需求预测等方面的理论成果。同时可以使交通规划者及管理者在制定城市交通发展战略和保障政策时，更多地关注到低收入群体，为城市交通资源优化配置、建立健全低收入人群出行保障机制提供理论基础。

在本书成稿即将出版之际，特别感谢侯现耀、李子木、李海波、陈慧、毕晓萤、李蕾、杜影等于东南大学求学期间在低收入人群活动与出行研究方面贡献的智慧和付出的汗水。在本书的撰写和相关项目研究过程中参考了大量国内外文献和书籍，在此谨向原著作者表示崇高的敬意和由衷的感谢！由于作者水平有限，书中难免有错漏之处，恳请同行专家和广大读者批评指正，以使本书不断得以完善。

陈学武

2018 年 4 月 于东南大学

目 录

前言

第1章 绪论 ·· 1
  1.1 背景与意义 ··· 1
  1.2 研究目标与主要内容 ·· 2
  1.3 技术路线 ··· 3
  1.4 特色与创新 ··· 5

第2章 城市低收入人群交通出行研究现状 ······························· 8
  2.1 低收入人群概念的界定 ··· 8
  2.2 低收入人群出行行为研究 ··· 10
  2.3 出行选择行为影响机理研究 ······································· 11
  2.4 交通政策及效果评价方法 ··· 13
  2.5 现有研究总结 ··· 14

第3章 居民出行选择行为研究理论基础 ································· 17
  3.1 概述 ·· 17
  3.2 基于活动的交通需求分析理论基础 ······························· 17
    3.2.1 基于活动的行为理论基础 ································· 18
    3.2.2 基于活动的交通需求分析方法的特点 ····················· 19
  3.3 非集计模型理论 ··· 21

3.3.1 离散选择模型理论基础 ……………………………………… 22
3.3.2 MNL 模型的导出 …………………………………………… 25
3.3.3 MNL 模型的标定 …………………………………………… 26
3.3.4 MNL 模型的检验 …………………………………………… 28
3.4 结构方程模型理论 …………………………………………………… 30
3.4.1 结构方程模型的特征 ………………………………………… 31
3.4.2 结构方程模型的结构 ………………………………………… 32
3.4.3 参数估计方法 ………………………………………………… 34
3.4.4 模型拟合优度评价指标 ……………………………………… 34
3.4.5 结构方程模型分析流程 ……………………………………… 36
3.5 支持向量机理论 ……………………………………………………… 37
3.5.1 分类器 ………………………………………………………… 38
3.5.2 凸最优化求解 ………………………………………………… 40
3.5.3 对偶问题求解 ………………………………………………… 41
3.5.4 核函数 ………………………………………………………… 43

第 4 章 城市低收入人群出行行为数据采集 …………………………… 46
4.1 调查方案设计与数据采集 …………………………………………… 46
4.1.1 以家庭为单位的出行调查方案设计 ………………………… 46
4.1.2 问卷调查 ……………………………………………………… 48
4.1.3 数据处理与出行链提取程序设计 …………………………… 50
4.2 数据描述性统计 ……………………………………………………… 51
4.2.1 确定研究对象 ………………………………………………… 51
4.2.2 家庭属性特征 ………………………………………………… 52
4.2.3 个人属性特征 ………………………………………………… 53

第 5 章 城市低收入人群出行方式特征 …………………………………… 55
5.1 整体分布特征 ………………………………………………………… 55

5.2 基于单次出行的出行方式选择特征 …… 56
5.2.1 不同出行时耗下的出行方式选择特征 …… 56
5.2.2 不同出行目的下的出行方式选择特征 …… 58
5.3 基于出行链的出行方式选择特征 …… 58
5.3.1 出行方式选择连续性 …… 59
5.3.2 出行方式选择转换性 …… 60
5.4 出行方式选择与居民属性的相关关系 …… 62
5.4.1 不同家庭属性下出行特征的差异 …… 62
5.4.2 不同个人属性下出行特征的差异 …… 64
5.4.3 不同活动属性下出行特征的差异 …… 67
5.4.4 居民属性与出行链特征的关系 …… 70

第6章 城市低收入人群出行方式选择机理 …… 75
6.1 概述 …… 75
6.2 态度—行为模型的构建 …… 75
6.2.1 主观态度的获取 …… 75
6.2.2 主观态度指标特征 …… 80
6.2.3 模型设定 …… 82
6.3 多指标多原因模型的估计 …… 88
6.3.1 模型标定 …… 88
6.3.2 主观态度的特征 …… 93
6.4 离散选择模型的估计 …… 96
6.4.1 模型比选 …… 96
6.4.2 结果分析 …… 98

第7章 基于需求侧的城市低收入人群交通改善策略 …… 104
7.1 概述 …… 104
7.2 边际效应和弹性理论 …… 105

7.3 满足差异化需求的出行改善策略 ·· 106
    7.3.1 出行需求的灵敏度分析 ·· 106
    7.3.2 交通改善策略 ·· 107

第 8 章　基于供给侧的城市低收入人群交通改善策略 ·············· 112
8.1 概述 ·· 112
8.2 基于主观态度的市场细分模型 ·· 114
    8.2.1 样本特征 ·· 114
    8.2.2 市场细分建模流程 ·· 115
8.3 基于机动性提升的有效供给策略 ·· 126
    8.3.1 细分子市场的特征 ·· 126
    8.3.2 交通改善策略 ·· 130

第 9 章　交通改善策略效果评估方法 ·· 132
9.1 概述 ·· 132
9.2 基于支持向量机的一维敏感性评估方法 ·································· 133
    9.2.1 建模流程 ·· 133
    9.2.2 交叉验证 ·· 135
    9.2.3 参数寻优 ·· 136
    9.2.4 模型标定及预测结果 ··· 137
    9.2.5 与 MNL 模型预测能力对比 ··· 141
9.3 基于一维敏感性分析的出行对策效果评估 ······························· 146
    9.3.1 一维敏感性分析 ··· 146
    9.3.2 预测评估结果 ·· 148
9.4 不同目标导向的交通对策制定 ·· 151
    9.4.1 基于绿色出行分担率最大化 ··· 151
    9.4.2 基于公共交通出行分担率最大化 ·································· 152
    9.4.3 交通对策制定建议 ·· 153

第 10 章　城市低收入人群交通改善措施——以抚顺市为例　155
10.1　抚顺市简介　155
10.2　低收入人群出行保障目标　156
10.3　城市用地发展策略　158
10.4　慢行交通系统改善策略　159
10.4.1　慢行单元划分及规划指引　161
10.4.2　非机动车系统规划　162
10.4.3　步行与公交换乘系统　163
10.4.4　公共自行车系统规划　164
10.5　公共交通服务改善措施　165
10.5.1　公交线路优化调整　166
10.5.2　公交站点改善　168
10.5.3　公交 IC 卡推广　170
10.6　交通补贴策略　171
10.6.1　交通补贴类型研究　171
10.6.2　公交票价优惠政策　173
10.6.3　交通补贴保障措施　174

参考文献　176

第1章 绪 论

1.1 背景与意义

低收入人群是指个人收入水平相对较低的经济弱势群体。低收入是一个相对的概念,它普遍存在于任何地方和任何时期,无论一个地区或城市的富裕程度如何,总有一部分人处于收入相对较低的状态。相关统计数据表明,在我国低收入人群是社会人口结构的重要组成部分,现阶段比重维持在20%~30%[1]。同时,低收入群体通常和城市的建设、服务、运营息息相关,是城市建设和城市功能运转的重要承担者,城市现代化功能的实现离不开他们的支撑。城市低收入人群不仅是我国社会结构的有机构成部分和城市经济发展的重要人力资源,更是社会稳定发展的重要保证。

随着城市化的推进,城市用地空间分布呈现出新的规律,对城市社会经济活动产生了重要影响。城市用地空间结构与社会结构的变化,给低收入人群带来了难题,城市交通服务难以契合城市发展脉络,交通拥堵日益严重,极大地影响了城市功能的正常运转,并给居民出行带来很大不便,其中,低收入人群尤其难以应对日渐凸显的城市交通问题。一方面,房价的不断攀高使得低收入人群越来越远离市中心和交通便利的地区,逐渐被边缘化,职住空间错位使得他们更加依赖城市所提供的公共交通服务。另一方面,受其经济条件的约束,低收入人群对交通服务支出货币的承受力较差,可选择的出行方式相对较少。出行难问题对低收入人群在城市正常活动已经产生了较大影响。2016年《国民经济和社会发展第十三个五年规划纲要》中指出要稳步提升基本公共服务均等化的目标,要求增加公共服务供给,坚持惠普性、均等化,增强政府职责,提高公共服务共建能力和共享水平,加强对特定人群特殊困难的帮扶。"精准扶贫、精准脱贫"战略思想的提出和落实,也要求在群众日常生活中的就业、教育、医疗、居住、养老等方面找不足、补短板。

目前,针对我国低收入人群出行问题的专项研究稀少,缺乏对这一群体出行特征的准确把握。低收入人群的出行往往成为影响城市交通和谐发展的短板。城市发展政策制定和交通管理部门面向社会所有成员的交通服务措施,因为层次单一、目标分散,常常无法切实改善城市低收入人群的出行条件,因此,有必要研究提出针对低收入群体出行需求特征的交通服务改善对策。

1.2 研究目标与主要内容

本书聚焦低收入人群交通出行问题,为优化城市交通系统资源供给,以及建立健全低收入人群出行保障机制提供理论基础。首先,研究低收入人群出行方式选择特征,明确城市低收入人群区别于其他人群的行为特征,为完善交通需求预测提供理论基础。其次,分析影响低收入人群出行选择行为的因素,建立出行选择行为与主观感知态度的关系模型,揭示低收入人群出行行为决策机理。再次,分别从需求侧和供给侧提出低收入人群的出行改善策略。最后,提出预测评估模型,分析不同交通策略下的出行选择行为结果,量化分析交通改善对策的效果。

主要内容可以分为"数据采集—特征分析—机理研究—改善对策—效果评价"5个方面。

(1) 数据采集。设计以家庭为单位的居民出行调查方案和数据处理方法,用于获取居民活动—出行记录和构建主观态度的变量指标。在传统的出行调查方法的基础上补充与活动和出行属性息息相关的个人属性、家庭属性和出行特性,并设计以家庭为单位的出行链及其特征信息提取程序。依托居民出行调查,设计数据采集方法获取用于构建出行者主观感知态度的变量指标,采用态度指标和行为指标两种方法构建潜在变量。

(2) 特征分析。聚焦低收入人群出行方式选择特征,分别以"单次出行"和"出行链"作为分析单元,分析有别于非低收入人群的差异性。通过对不同家庭属性、个人属性、活动属性下出行特征和出行链特征的差异分析,研究各属性与出行特征的相关关系,为建模研究低收入人群出行行为机理奠定基础。

(3) 机理研究。从非集计层面对影响低收入人群出行方式选择的因素进行研究。基于态度—行为模型,研究影响主观态度的家庭和个人属性的具体构成,建立低收入人群出行决策的主观态度模型。在此基础上,建立含潜变量的离散选择模型,分析个人属性、家庭属性、活动属性和主观态度对低收入者出行方式选择行为的共同作用机理。

(4) 改善对策。分别从需求侧和供给侧提出低收入人群的交通改善策略。以非集计模型的结果为基础,对不同需求变量进行灵敏度分析,提出改善对策满足低收入人群的差异化出行需求。基于主观态度的出行市场细分,研究低收入人群的交通供给改善对策,通过对比分析不同子市场的特征差异,剖析产生公交选择差异的主观态度方面的原因,以面对不同特征的人群制定具有针对性的公交改善对策。

(5) 效果评价。提出基于支持向量机的一维敏感性分析方法,用于对低收入人群交通改善策略的预期效果进行评估。在支持向量机和离散选择模型预测能力对比的基础上,结合敏感性分析对改善对策效果进行评价,以居民出行方式分担率的变化为关键指标,基于"绿色出行分担率最大化"和"公共交通出行分担率最大化"的考量,对交通对策的制定进行总结。

最后,以抚顺市为实例分析给出具体措施,在提出低收入人群出行保障目标层次(即可达性→经济性→安全舒适性)的基础上,从城市用地发展、慢行交通系统、公共交通服务、交通补贴 4 个角度提出了改善措施。

1.3 技术路线

本研究在进行低收入人群出行方式选择机理及交通改善策略研究时,提出理论基础、数据采集、机理分析、预测评价四者相结合的技术路线,4 个方面层层深入、逐层推进,后者以前者的研究为基础,前者是后者分析的前提。以基于活动的出行选择行为理论为基础,进行以家庭为单位的活动—出行数据的调查和采集,再对低收入人群的出行方式选择机理进行探讨,从而提出交通改善策略,最后对出行对策的效果进行预测评价。具体研究技术路线如图 1-1 所示。

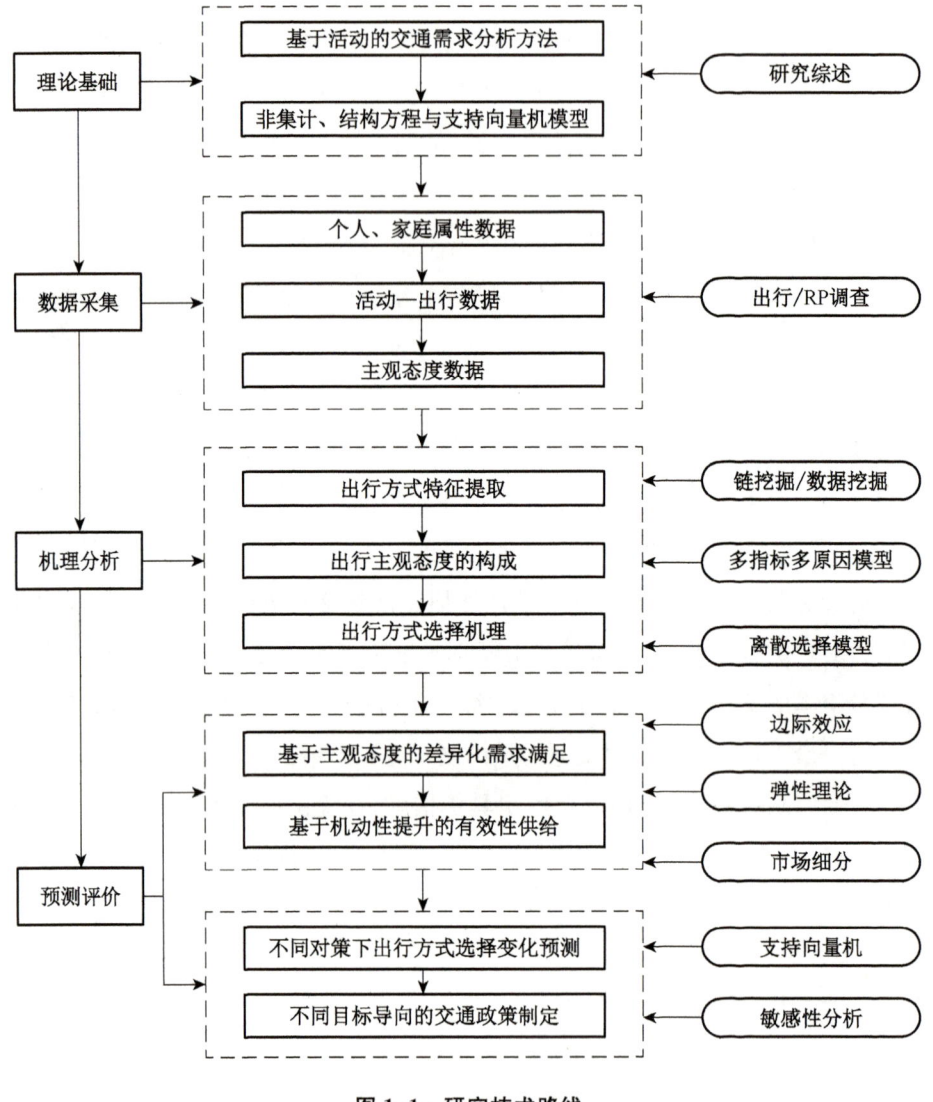

图 1-1　研究技术路线

首先，对居民出行选择行为的国内外研究现状进行了综述，介绍了相关基础理论，包括基于活动的交通需求分析理论、非集计模型理论、结构方程模型理论和支持向量机理论，以为后面的研究做理论铺垫。其次，为获取研究数据进行了以家庭为单位的出行调查和 RP(Revealed Preference)调查,以采集低收入人群的家庭属性、个人属性、活动属性和主观态度属性。运用链挖掘和数据挖掘技术,从"基于单次出行"的方式选择特征和"基于出行链"的方式链特征两个方面对比研究低收入人群与非低收入人群的差异性。然后,通过构建态度—行为模型,从非集计层面研究影响低收入人群出行方式选择的因素。建立多指标多原因模型以研究影响主观态度的家庭属性和个人属性的具体构成,建立低收入人群出行决策的主观态度模型。在此基础上,建立含潜变量的离散选择模型,分析家庭属性、个人属性、活动属性和主观态度对低收入者出行方式选择的影响,揭示出行决策机理。此外,分别从需求侧和供给侧提出低收入人群的交通改善策略。需求侧层面上,基于边际效应和弹性理论分析出行方式对需求的灵敏度,提出满足差异化需求的改善对策。供给侧层面上,通过市场细分的手段来划分低收入人群出行子市场,以制定更加有针对性的机动性提升供给改善对策。最后,提出了基于支持向量机的一维敏感性评估方法,用于对交通改善策略的效果进行预测评价,选用出行分担率为核心指标,分析不同对策下居民出行方式分担率的变化情况,以期为城市管理者制定低收入人群出行交通政策提供理论依据。

1.4　特色与创新

本研究以低收入人群的出行行为为基础,重点分析出行方式选择机理及其交通改善对策,主要创新点有以下几个方面:

(1) 基于"特征分析—机理揭示—对策建议—效果评估"4个层次,系统地研究大城市低收入人群出行行为,提出交通改善策略。

聚焦大城市低收入人群的出行方式选择行为,研究分为"特征分析—机理研究—对策建议—效果评估"4个层次:首先分析大城市低收入人群的出行方式特征;然后研究影响低收入人群的出行方式选择因素,重点考虑潜在变量的作用,揭示低收入人群的出行行为决策机理;其次提出针对低收入人群的交通改善策略;最后分析不同交通对策下低收入人群的出行方式选择结果,评估对策效果。研究成果弥补了低收入人群出行特征研究方面的不足,丰富了居民活动—出行需求预测等方面的理论成果。

(2) 将主观态度潜变量引入出行行为模型分析,从潜变量的角度研究活动—出行决策过程,为基于活动的出行需求分析理论研究拓展了新的思路,研究成果将丰富潜变量对出行行为影响的相关研究。

以结构方程模型和离散选择模型为基础,构建了态度—行为模型,对低收入人群的出行方式选择机理进行剖析,设计了态度—行为关系模型的概念框架,并对模型进行标定求解。建立离散选择模型时,引入了潜变量的概念,对含潜变量的多项 Logit(Multinomial Logit,MNL)模型和不含潜变量的 MNL 模型分别进行参数估计,分析个人属性、家庭属性、活动属性和主观态度对低收入者出行方式选择行为的共同影响。发现将潜变量代入模型后能更好地解释出行行为,研究成果有助于更深刻理解城市低收入人群的出行方式选择机理。

鉴于现有研究中主观态度对出行行为的分析较多地聚焦在态度是如何影响出行行为,针对出行态度自身的探讨十分有限,本书建立多指标多原因模型以研究影响主观态度的家庭属性和个人属性的具体构成,通过分析各属性对主观态度的作用机理,从而建立低收入人群出行决策的主观态度模型。

(3) 引入市场细分理论,设计了"因子分析+结构方程模型+K-means 聚类分析"的市场细分流程,通过该方法完成了低收入人群的出行市场细分,以提出差异化的公交出行改善建议。

设计了"因子分析+结构方程模型+K-means 聚类分析"的市场细分流程,通过该方法完成了低收入人群的出行市场细分。因为主观态度较难测量,本研究以出行者个体在现实生活中对具体事物的态度和行为作为主观态度潜变量的指标变量,通过结构方程模型中的测量模型解决了这一问题。研究低收入人群主观态度与公交出行分担率因子存在的因果关系,通过结构方程模型中的结构模型进行分析。针对传统研究中市场细分技术存在的不足,采用 K-means 聚类法实现了多细分变量条件的市场细分。

基于社会经济属性等外在显变量的市场细分会过分简化子市场的结构特征,而主观态度具有较高的细分能力。本研究将潜变量引入低收入人群的出行市场细分模型,挖掘低收入人群的公交出行特征,针对不同的细分群体提出更有效的公交出行改善对策。

(4) 量化评价不同交通改善对策效果,预测模拟低收入人群的出行方式变化情况,为城市管理者制定低收入人群出行保障机制提供理论依据。

提出基于支持向量机的一维敏感性分析方法对不同对策下低收入人群的出行方式选择结果进行预测,分析外界条件改变后出行行为的变化情况,实现了对交通改善对策的量化评估。选取居民出行方式分担率的变化为关键指标,从绿色出行分担率最大化和公共交通出行分担率最大化两个方面对低收入人群交通改善对策总结建议,对优化交通系统资源配置,建立健全低收入人群出行保障机制具有较强的实践指导意义。

第 2 章 城市低收入人群交通出行研究现状

2.1 低收入人群概念的界定

"低收入"是一个相对概念,无论一个地区经济水平多么发达,人民生活多么富裕,总有一部分人的收入水平相对较低。城市低收入人群指经济收入水平相对低下,因而在与收入水平密切相关的个人价值感受、经济消费能力、生存生活质量等方面处于相对弱势地位的人群。常见的低收入人群划分标准如下[2]:

(1) 比例法

以相对收入标准来划分收入人群,如中国国家统计局等部门的一些分析研究,主要是根据居民家庭抽样调查的资料,按收入水平从高到低排列,再通过对样本按设计的百分比切块分等的方法来确定收入等级,即10%为最高收入户、10%为次高收入户、60%为中等收入户、10%为次低收入户、10%为最低收入户,据此计算出城市低收入户的人均收入水平等相关指标,并作为相对的低收入标准[3][4],如表2-1所示。一般来讲,采用国家统计局的数据,以七分法下的"低收入户"作为我国城市低收入人群的界定标准,并以七分法下的"次低收入户"和"最低收入户"作为分析重点。

表 2-1 低收入人群划分方法——七分法

比例	分类	大分类
10%	最高收入户	高收入人群
10%	次高收入户	

续 表

比例	分类	大分类
20%	中等偏下收入户	中等收入人群
20%	中等收入户	
20%	中等偏上收入户	
10%	次低收入户	低收入人群
10%	最低收入户	

(2) "恩格尔系数"标准

"恩格尔系数"是食品支出总额占个人消费支出总额的比重。联合国粮农组织提出的以"恩格尔系数"作为划分生活质量标准为：39%以下为富裕、40%~49%为小康、50%~59%为温饱、60%以上为勉强度日[5]。恩格尔系数是一个动态的变量，宜将城市低收入人群家庭"恩格尔系数"的上限定为高于中等收入户值5个百分点，即凡是食品支出占总消费支出的比例超过中等收入户值5%以上的城市居民家庭，都属于城市低收入人群。

(3) 国际贫困线标准

国际贫困线标准是由国际经济合作与发展组织（Organization for Economic Cooperation and Development，OECD）提出的：以一个国家或地区社会人均可支配收入的50%~60%作为这个国家或地区的贫困线。

(4) 国家"低保线"标准

1997年国务院发布并实施了《国务院关于在全国建立城市居民最低生活保障制度的通知》，这一政策的显著特征就是首次对城市低收入保障的对象做出了明确规定——人均收入低于当地最低生活保障标准的、持有非农业户口的城市居民。该政策下的"低收入线"没有全国统一的标准，地区差异较大且调整频繁[6]。

以上总结了被广泛采用的城市低收入人群的界定标准，具体研究时宜根据研究目的与实际数据获取情况，选取其中一个标准或并集多个标准来界定研究对象。

2.2 低收入人群出行行为研究

国内外对低收入人群出行特征的研究,主要通过采集低收入者及低收入家庭的交通出行调查数据,分析低收入人群的出行目的、频率、方式选择、出行距离等特征,并比较不同收入群体、不同活动需要、不同可达性对出行行为的影响差异性[7]。研究表明低收入人群和其他人群的出行特征有明显差异[8-11]:低收入人群出行流动性低,出行频率少;更多地从事生存型的活动,慢行交通和公共交通是其主要的出行方式;公共交通出行便利性差,制约了低收入人群的公共交通出行;低收入人群活动范围小,出行距离短。

随着活动理论和非集计模型的发展,对于居民出行选择行为的研究取得了较大的进步。20世纪末和21世纪初国外出现了大量的基于活动—出行的交通需求预测模型系统,个体出行方式选择模型就包含于模型系统之中。基于活动的交通需求分析模型已被欧美国家广泛应用于城市交通规划。这些模型之间存在一定共性:都依赖多项Logit模型或巢式Logit模型的结构,同时对出行链进行简化以适应于Logit模型的使用。对于居民出行方式选择模型的处理,大都对各种出行活动目的的出行方式选择单独进行标定,同时采用"主要出行方式"作为出行链所有出行的方式选择结果,从而对个体出行方式选择行为进行简化。

近年来,国内学者也开始致力于从非集计层面对出行者的出行选择行为进行研究,并对非集计模型建模的理论、模型在出行行为分析中的应用进行全面系统的介绍[12]。常超凡[13]研究了出行者的短距离出行特征,并采用巢式Logit模型研究了居民短距离出行方式选择。李良[14]对城市居民出行方式选择的效用与决策进行了分析,借鉴经济学中的消费分析,建立MNL模型研究居民出行方式的选择,并对决策过程、决策模式做了探讨。陈团生[15]以通勤出行作为研究对象,分析了人群的方式选择行为。杨晨、李志斌、鲜于建川、周雪梅等[16]-[20]考虑居民单次出行对某种客运交通方式的偏好,分别对自行车、摩托车和公交车的使用特性进行分析,并对居民在出行方式选择中的影响因素进行探寻。

一些学者基于活动—出行的交通需求分析方法对出行行为进行了研究。宗芳[21]等建立基于活动的出行需求预测模型系统时,出行方式选择采用 MNL 模型。陈团生[15]采用巢式 Logit 模型对人群的出行方式选择进行了研究,上层模型分析出行链模式的选择,下层模型分析出行方式的选择。褚浩然[22]以北京市居民出行的调查数据为基础,建立了不同活动目的的出行方式选择模型。宗芳[23]等研究了活动对出行方式选择的影响,活动特征是作为 Logit 模型中效用函数的效用项。李萌[24]在研究出行者出行方式选择时,考虑了方式链的概念,分析了多种方式在出行链中组合使用情况。万霞等[25]在研究城市居民小汽车的使用情况时,分析了小汽车和其他出行方式在全日活动中的组合使用情况,在基于出行链和家庭内私人交通工具分配的出行方式选择研究中,建立了基于家庭内车辆分配的出行方式选择模拟系统。杨敏[26]建立了活动分配和时空约束影响下的男女家长出行方式选择模型。

2.3 出行选择行为影响机理研究

国内外很多学者基于个体层面研究了出行选择行为的影响因素。这些影响因素大致可以归纳为出行者家庭属性、个人属性、活动属性和潜在变量。

(1) 家庭属性

家庭规模和私人交通工具拥有情况等属性对个体出行方式选择行为有显著影响。巴特(Bhat)和斯里瓦桑(Srinivasan)[27]认为收入较高的家庭在出行时更倾向于选择小汽车。赖雷(Ryley)[28]发现有子女的家庭较多地采用私人交通工具出行。迪勒曼(Dieleman)和巴特(Bhat)等[29][30]分别基于荷兰和美国出行调查数据研究,表明当家庭中某种交通工具拥有水平较高时,其对应的使用频率也较高。如家庭拥有小汽车数量较多时,居民倾向于使用小汽车出行;家庭拥有自行车数量较多时,居民倾向于使用自行车出行。

(2) 个人属性

个人社会经济属性是对出行者进行标识和对出行者进行客观描述的有效

工具。影响居民出行方式选择行为的个人属性有：性别、职业、年龄、受教育程度等。杨（Yang）[26]和李（Li）[31]分别发现女性选择公交出行概率比男性较高，但自行车选择概率较低。相反地，威特洛克斯（Witlox）和延德曼斯（Tindermans）[32]基于比利时根特市的数据，得出女性比男性更倾向于自行车出行的结论。巴特（Bhat）[33]认为公司职员、管理人员等受雇佣人员出行时选择小汽车的概率较高。布尔比格（Burbige）[34]和夏（Xia）[35]研究发现年轻人较多地使用机动化出行方式，而老年人中步行出行比例较高。但扎卡赖亚斯（Zacharias）[36]和沃德曼（Wardman）等[37]认为年龄属性对出行者交通方式选择的影响并不显著。通过普劳特（Plaut）[38]，里特维德（Rietveld）等[39]和穆东（Moudon）等[40]的分析，表明受教育程度高的居民选择小汽车和自行车出行概率较高。

总的来说，不同于家庭属性对出行选择行为的研究结果较为一致，但是不同学者针对个人属性对出行选择行为影响的研究呈现一定差异性，如性别、年龄等。

(3) 活动属性

出行目的的差异、出行距离的不同等活动属性都会对居民出行方式选择产生影响。布尔比格（Burbige）等[34]基于宾夕法尼亚州出行数据，普克尔（Pucher）等[41]基于2001年全美家庭出行调查数据，穆勒（Muller）等[42]基于德国通学出行调查以及程（Cheng）等[43]基于湖州市调查数据均发现居民进行社交娱乐活动时，较多地采用步行的方式；而以通勤为目的的出行中，机动化的方式所占的比例较高。通过对德国出行数据和中国长兴县出行数据分析，库尼姆霍夫（Kuhnimhof）等[44]和程（Cheng）等[45]认为短距离出行中步行和自行车的分担率较高，随着出行距离的增加，机动化方式比例逐渐增加。

(4) 潜在变量

传统的出行选择行为研究，多数是对客观属性的研究，如交通方式的出行费用和出行时间，出行者的家庭和个人属性变量。自麦克法登（Mcfadden）[46]将主观数据引入交通分析模型中，很多学者针对出行者出行态度、心理特征等潜在变量与出行行为的相关关系进行了大量的研究。

哈特根（Hartgen）[47]研究发现个体社会经济属性、出行态度和交通方式自身属性共同影响出行者的出行方式选择行为。詹森（Jensen）[48]，海格曼

(Hagman)[49]和弗利普兰肯(Verplanken)等[50]从心理学和社会学的角度对出行者方式选择行为进行了研究,认为影响个体方式选择的心理因素包括态度、价值、规范、感知、情感和期望。雷克(Recker)和史蒂文斯(Stevens)[51]建立含潜变量的多项Logit模型分析态度对纽约水牛城出行者的影响,发现自主权和便利性对于非通勤出行(购物休闲、探亲访友)有显著作用。格尔泽利什维利(Grdzelishvili)和塞斯里(Sathre)[52]分析了格鲁吉亚第比利斯市小汽车出行者和公共交通出行者出行态度和方式选择的关系,认为提高公共交通分担率的重要途径是提高公共交通出行者的感知收益。

研究表明,潜在变量比传统的客观属性(社会经济属性、出行费用、出行时间等)更能解释出行者的方式选择行为。雷克(Recker)和戈洛布(Golob)[53]发现出行态度对出行方式选择的影响要比客观变量(出行时间、出行费用)更加显著。同样,保尔森(Paulssen)等[54]建立含潜变量的分层mixed-logit模型研究认为纳入态度变量后,模型对出行方式选择的解释能力更强。约翰逊(Johansson)等[55]将潜在变量(环保意识、安全性、舒适性、便利性和灵活性)纳入出行方式选择模型后,发现比只考虑客观变量的模型拟合效果更好。海嫩(Heinen)等[56]研究了工作出行中对自行车的态度(便利性、低成本、有益健康等)对出行方式的影响,同样发现出行态度比社会经济属性能更好地解释出行行为。

2.4 交通政策及效果评价方法

国内外学者揭示出低收入人群在出行中存在经济上的贫困、时间上的贫困、接受服务上的贫困和安全上的贫困等问题。在此基础上,从降低出行经济成本、减少出行时间成本、增加公交服务供给和保障慢行交通安全等多个方面提出了相应对策,以期为制定更为公平的城市交通政策提供依据。

交通政策对居民出行选择行为的影响分析较常用的方法是离散选择模型,如多项Logit模型和巢式Logit模型。但传统的统计建模方法有一定不足,如要求样本数据呈正态分布的假设、假设效用函数中自变量间呈线性关系等。当数据间的关系不能满足上述假设时,传统的建模方法得出的结论将会产生偏差。为了克服传统方法的不足,有学者提出非参数建模方法和人工智能模型来分析出行者的出行方式选择行为,评价交通政策的预期效果,如贝叶斯网络模型、神经网络模型、粗糙集理论等。相较于传统模型,这些模型不需要事先对数据的分布状态进行假设,自变量和因变量的关系也不需要预先掌握,因此往往比传统统计模型有着更好的拟合和预测效果。

支持向量机(Support Vector Machine,SVM)是一种用于解决分类和回归问题比较新的方法[57]。近年来,支持向量机被广泛用于交通研究中,包括交通流量预测、交通事故检测、交通事故严重等级预测和出行行为分析等。研究发现支持向量机具有较高的处理数据分类的能力。张(Zhang)和谢(Xie)[58]探讨了支持向量机在出行方式选择方面的适用性,基于1990年旧金山湾区居民出行调查数据,采用总体预测准确率和分方式的预测准确率两个指标进行评价,发现不同规模训练样本集下,支持向量机均比多项Logit模型和多层前馈神经网络模型有更好的预测能力。杨(Yang)等[59]基于GPS数据研究出行者个体的出行行为,通过出行者上一个活动状态的选择来预测下一个活动的目的地、时间和出行方式使用情况。鲜于(Xian-Yu)[60]也将支持向量机的方法应用于出行方式选择分析中,对比支持向量机、巢式Logit模型和多层前馈神经网络模型的预测精度,基于2005年中国某市居民一日出行调查的数据,得出支持向量机有较快的收敛速度和较高的预测精度,对于出行方式选择预测十分重要。通过二分类仿真数据的预测分析,萨拉查(Salazar)等[61]发现支持向量机比Logistic回归有较低的分类错误率,尤其当数据呈现多元随机分布时。阿拉维兰卢(Allahviranloo)和雷克(Recker)[62]将支持向量机运用于居民日活动—出行模式识别,发现支持向量机比MNL模型在活动类型和次序预测准确率上都有优势。

2.5　现有研究总结

国内外学者对低收入人群出行行为研究已取得丰富的成果,逐渐形成较为完整的理论体系。然而依然存在以下问题亟待解决：

从国外研究来看，其研究背景与国内存在较大差异。首先，国外的低收入人群在生活方式、家庭属性与国内存在较大差异，如国外低收入者大都居住在市中心，且私人交通工具拥有量较高（以美国为突出），其出行行为决策的内在机理也与国内存在一定差异。其次，国外的多数研究成果具有显著的地区差异，无法直接借鉴，如美国较多地提出低收入人群的私人机动化出行方式改善建议，欧洲国家则更多地重视在慢行交通的出行上。再者，即使对于研究比较成熟的社会经济属性对居民出行方式选择的影响机理，国内外结论也呈现一定不同。如性别和年龄，有的学者认为男性更倾向于自行车出行[26][31]，而有的学者提出女性更倾向于自行车出行[32]。有的研究发现年轻人较多地使用机动化的出行方式[34][35]，但有的研究认为年龄属性对出行者交通方式选择的影响并不显著[36][37]。因此，针对这些差异性特征，需要结合我国的城市居民出行数据进行进一步研究，分析我国城市低收入人群的出行特征。对我国的案例城市进行实证分析并获得研究结论，同国外已有研究成果加以对比，也有助于加深对我国城市低收入居民出行方式选择机理的理解。

另外，国外基于态度对出行行为的研究较多地聚焦在态度是如何影响出行行为，针对出行态度自身的探讨十分有限，也就是说影响态度的因素尚未明确。因此，有必要研究影响出行态度的家庭属性和个人属性的具体构成，建立出行决策的态度模型，探索出行态度的特征。国内研究则缺乏基于活动—出行的居民出行方式选择影响的系统研究，特别是潜在变量对出行决策的影响机理分析。国内学者目前大都基于个人、家庭属性及活动参与属性等客观变量来分析居民出行行为，忽视了"内在感受""情感偏好""使用意向"等潜在变量对出行的影响。研究潜在变量对出行方式决策的影响，已经成为出行行为研究领域的热点问题。

其次，国内关于低收入人群的出行改善对策过于定性，定量评价不同对策下出行方式选择结果的研究较少。在资源有限的前提下，采用何种对策才能较大程度改善低收入人群出行的机动性，是值得深入研究的问题。国外基于非参数建模方法评价交通政策的效果时，较多地用于出行方式预测，很少关注交通政策对出行方式选择影响的敏感性。定量分析出行者出行方式选择在不同交通政策下的敏感性,预测交通运行环境改善下的出行决策行为,能为合理配置交通资源以及健全低收入人群出行保障机制提供理论基础。

总体来看,国外对城市低收入人群的活动—出行特征以及潜在变量对出行行为的影响等方面已有相关的研究,而国内的针对性研究十分稀少,但利用已有成果,对我国城市低收入人群的出行决策行为进行研究的基础已经具备。基于我国城市的发展阶段和自身特点,分析低收入人群的出行行为决策机理,研究个人、家庭属性以及活动属性和潜在变量与出行方式选择的作用机理,提出相应的交通改善对策,同时对改善对策效果做出定量评价,正是本研究试图解决的关键科学问题。

第 3 章 居民出行选择行为研究理论基础

3.1 概述

城市客运交通系统中,不同的交通方式作为居民完成出行的直接载体和工具,不同交通方式的运行速度、运行方式、运送成本和运载能力呈现较大的差异,对城市交通系统整体运行效率有着重要的影响。在分析低收入人群出行方式选择机理及提出交通改善对策之前,首先要深入了解与居民出行方式选择相关的基础理论。依据"特征分析—机理揭示—预测评价"的基本思路,构建本研究的整体理论框架。即首先,对基于活动的交通需求分析进行介绍;然后,为揭示低收入人群出行方式选择机理,提出出行改善对策,分别对非集计模型相关理论和结构方程模型的分析方法进行介绍;最后,为了对出行改善对策的效果进行预测评价,介绍支持向量机理论。本章主要内容结构关系如图 3-1 所示。

3.2 基于活动的交通需求分析理论基础

基于出行的传统交通需求预测是在大规模基础设施建设的背景下发展起来的模型体系,其目标在于评价交通设施能否满足未来的交通需求。但是人的出行需求是如何发生的,出行者个体的社会经济属性如何影响出行行为,在该模型中则难以反映出来。基于活动的交通需求分析方法则能够弥补传统方法缺乏行为理念的不足。基于活动的分析将出行者放在建模的核心地位,侧重于剖析出行行为机理,模型结构比较灵活,能较好地评估交通政策的影响。低收入人群出行改善对策是本书的研究重点,所以,将采用基于活动的交通需求分

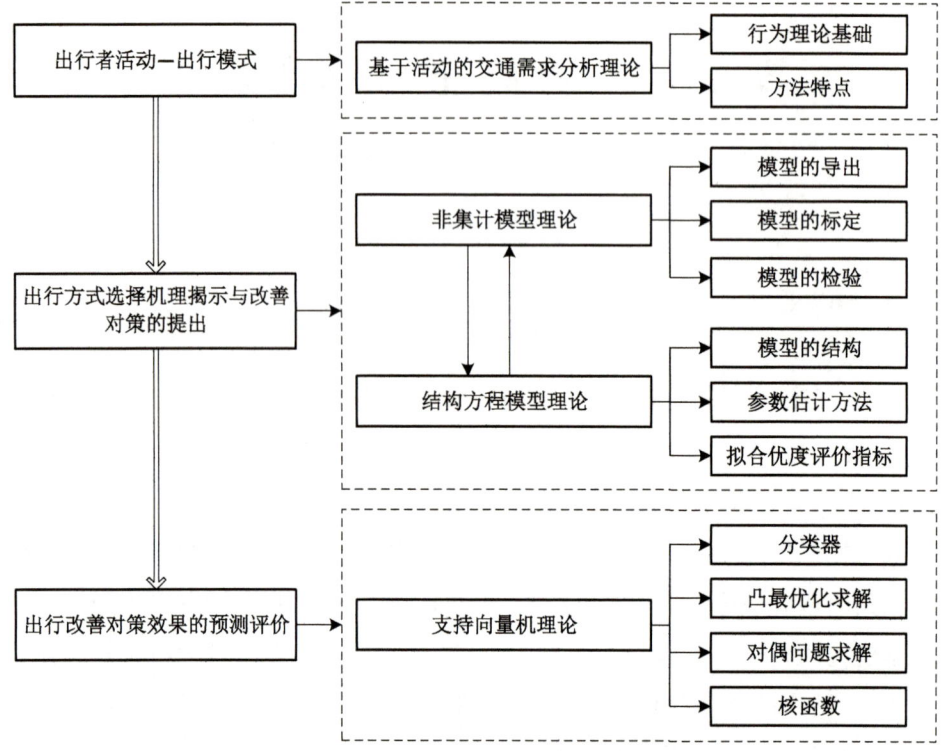

图 3-1 本章主要内容结构关系图

析方法对低收入人群的出行行为进行研究。

活动可以定义为个体为了满足自身的需要而在某件事情中的实体参与，活动参与源自个体在生理方面、经济方面和社会方面的需求。基于活动的交通需求分析根本的出发点是根据活动模式所决定的出行模型来分析出行需求。

3.2.1 基于活动的行为理论基础

活动方法的行为理论基础主要体现在活动参与是引起出行的内因，活动受时空和个体能力的约束，家庭影响个体活动和出行决策等。

（1）活动参与是引起出行的内因

出行是一种派生性需求，源自于活动的需求。人们在不同场所完成的工作、社交娱乐、购物休闲等活动是引起出行的内因。出行是源于为了满足个体的生存、社交或自我满足等方面的需求而参加分布在不同地点的活动的需要，人们只有通过出行才能变换活动的地点。只有当通过出行参加的活动的总效用大于无出行活动的总效用时，出行才会产生。因此依据活动理论，出行决策隶属于更为广义的活动安排框架之下。

(2) 活动受时空和个体能力的约束

活动理论认为人们生活在时空连续的统一体中。人们只有通过消耗一定的时间和费用完成出行，才能在不同的时间到达不同的地点，从而参加该地点的活动。一整天活动的终点一般都要返回家中进行休息，连续的活动之间在时间和地点选择上都是互相影响的。

活动受到个体能力制约、组合制约和权威制约。能力制约使得个体在特定时间、特定地点在一定时间内存在一定可达的时间和空间范围。组合制约使得个体为了从事某项活动而不得不同他人经历同一路径的出行。权威制约是指个体活动在特定时间和空间内受法律、规范或习惯等限制和约束。活动的时空制约和个体约束的特征导致特定目的的出行必须通过特定的方式发生在特定的时间和地点。

(3) 家庭影响个体活动和出行决策

个体生活在整个家庭环境中，与其他家庭成员间共享生活资源。个体的许多决策都要以家庭为单位进行考虑，决策受到家庭其他成员的影响。家庭类型、规模、收入、家庭成员间的关系、家庭成员的性别构成、年龄组成、就业状况、受教育程度等都影响到个体活动和出行的安排。个体活动按照家庭属性可分为个体单独活动、个体的分派活动与共同活动3种类型，不同类型的活动对应着不同的出行特征。

通过以上表述，可以理解为出行行为受家庭属性、个人属性和活动属性的影响，因此本研究将考虑家庭、个人、活动属性对低收入人群出行方式选择的共同作用。

3.2.2　基于活动的交通需求分析方法的特点

基于活动的交通需求分析方法是在出行者整个活动日程背景下理解其出

行行为,并建立模型。通过模型分析活动—出行模式,从而分析活动所引起的出行量和时空分布特征。其特点主要表现在:

(1) 采用基于行为的分析方法,考虑活动引起的多次出行之间的联系

活动理论认为人们对于出行的需求源自对活动的需求,而这些行为在时间和空间上又是分散分布的。进一步说,该理论认为出行者做出的一系列出行决策之间是相互关联的。基于活动的交通需求分析方法能够提供在理论与概念上都让人信服的框架,并在此基础上进行需求模型的建立。基于活动的方法在时空约束下考虑多次出行所形成的链,使得模型的时间维度和空间维度特征更有说服力。

(2) 采用非集计理论建立模型,考虑引起活动和出行的家庭、个人等因素

基于活动的交通需求分析方法采用非集计理论建立模型。多层次的模型结构体现人们活动和决策的层次结构,层次之间既相互关联又相互影响。活动方法建模采用的离散数据,充分利用了调查数据的信息,并且考虑到家庭成员之间共同活动的特征,出行之间有着很强的相关性。家庭构成、家庭规模、家庭收入水平等因素直接影响到个体的出行安排、出行强度、出行方式选择等。

基于出行的传统交通需求分析方法和基于活动的交通需求分析方法在研究理念、分析单元、分析对象、分析方法、数据获取、模型结构、模型标定、政策敏感性等方面均有所不同,见表3-1。

表3-1 基于活动与基于出行的交通需求分析方法的特征比较

方法	基于活动的需求分析	基于出行的需求分析
研究理念	出行源自活动	出行独立
分析单元	出行链	单个出行
分析对象	出行者个体	交通小区
分析方法	非集计	集计
数据获取	较难	较容易
模型结构	层次结构	四阶段法的顺序结构
模型标定	较难	较简单
政策敏感性	敏感	不敏感

3.3 非集计模型理论

不同出行方式是出行者个体选择的综合结果,从非集计层面分析低收入人群出行方式选择的影响因素,对于理解出行方式选择机理有着重要意义。非集计模型目前已成为居民出行选择行为建模分析的重要工具之一。通过非集计模型的标定结果,可以很好地解释外界因素对低收入人群出行方式选择的作用机理。但目前国内学者大都基于个人、家庭属性、活动参与属性等客观变量建立非集计模型来分析外源变量对居民出行行为的影响,忽视了"内在感受""情感偏好""使用意向"等潜在变量对出行方式的影响,将潜在变量引入模型分析是本研究试图解决的重要问题。

非集计模型的理论基础是出行者在选择交通方式时追求"效用"(Utility)的最大化,并基于以下两个假设建立:出行者是交通出行行为意志决定的最基本单位;出行者选择其所认知的出行方式中效用最大的方式,并且选择某交通方式的效用因该方式所具有的特征和出行者个体特征等因素而异。

国内外的研究者已发表大量的基于非集计模型的出行方式选择和交通需求建模的文献,通过模型对数据的拟合优度(Goodness-of-Fit)来判断模型的有效性,见图 3-2。然后再基于调查数据来预测居民出行方式选择,如图 3-3 所示。

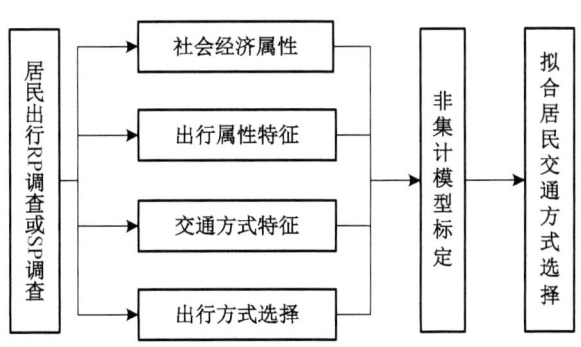

图 3-2　非集计模型拟合居民出行方式选择示意图

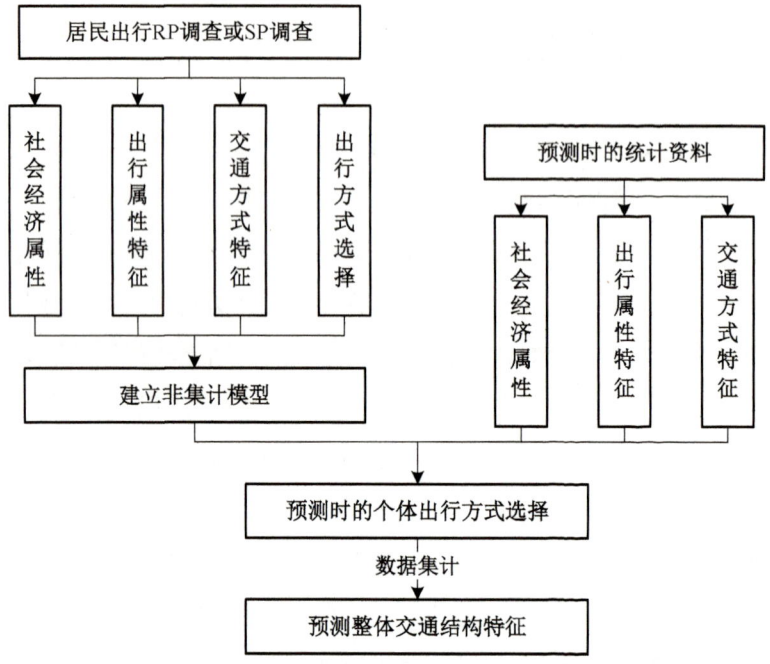

图 3-3　非集计模型预测居民出行方式选择示意图

3.3.1　离散选择模型理论基础

假设某个出行者 n 的出行方式选择集为 A_n，选择交通方式 j 的效用为 U_{jn}，那么该出行者 n 从 A_n 中选择交通方式 i 的条件是：

$$U_{in} \geqslant U_{jn}, i \neq j, i,j \in A_n \tag{3-1}$$

实际问题中效用很难精确地测量出来，随机效用理论认为效用是一个随机变量。通常将效用 U 表示为固定项 V 和随机项 ε 两部分，则效用函数可以表示成：

$$U_{in} = V_{in} + \varepsilon_{in} \tag{3-2}$$

式中，V_{in} 和 ε_{in} 分别表示出行者 n 选择出行方式 i 的固定项部分和随机项部分。若固定项部分和属性特征之间的关系用线性函数表达，则效用函数的固定项可以表示为：

$$V_{in} = \theta X_{in} = \sum_k \theta_k x_{ink} \tag{3-3}$$

式中，x_{ink} 是出行者 n 选择出行方式 i 的第 k 个属性变量，θ_k 是待估计的参数。根据效用最大化理论，出行者 n 选择出行方式 i 的概率 P_{in} 可以表示为：

$$\begin{aligned} P_{in} &= Prob(U_{in} \geqslant U_{jn}; i \neq j, i.j \in A_n) \\ &= Prob(V_{in} + \varepsilon_{in} \geqslant V_{jn} + \varepsilon_{jn}; i \neq j, i.j \in A_n) \end{aligned} \tag{3-4}$$

式中，$0 \leqslant P_{in} \leqslant 1$，$\sum_{i \in A_n} P_{in} = 1$。

假设出行者 n 的出行方式选择集 A_n 中包含的方案 j 的个数为 J_n，所有的概率项 $\varepsilon_{1n}, \varepsilon_{2n}, \cdots, \varepsilon_{Jn}$ 的联合分布函数 $F(\varepsilon_{1n}, \varepsilon_{2n}, \cdots, \varepsilon_{Jn})$，那么：

$$\begin{aligned} F(\varepsilon_{1n}, \varepsilon_{2n}, \cdots, \varepsilon_{Jn}) &= Prob\{(E_{1n} \leqslant \varepsilon_{1n}) \cap (E_{2n} \leqslant \varepsilon_{2n}) \cap \cdots \cap (E_{Jn} \leqslant \varepsilon_{Jn})\} \\ &= Prob(E_{jn} \leqslant \varepsilon_{jn}; j = 1, 2, \cdots, J_n) \end{aligned} \tag{3-5}$$

式中，E_{Jn} 是将概率项作为概率变量的一般表达形式，上式可以表达成以下形式：

$$P_{in} = Prob(\varepsilon_{jn} \leqslant V_{in} - V_{jn} + \varepsilon_{in}; i \neq j, i.j \in A_n) \tag{3-6}$$

如果联合分布函数所对应的联合概率密度函数是 $f(\varepsilon_{1n}, \varepsilon_{2n}, \cdots, \varepsilon_{Jn})$，上式可以进一步写成：

$$P_{in} = \int_{\varepsilon_{1n}=-\infty}^{\infty} \int_{\varepsilon_{2n}=-\infty}^{V_{in}-V_{jn}+\varepsilon_{1n}} \cdots \int_{\varepsilon_{Jn}=-\infty}^{V_{in}-V_{jn}+\varepsilon_{1n}} f(\varepsilon_{1n}, \varepsilon_{2n}, \cdots, \varepsilon_{Jn}) d\varepsilon_{Jn} \cdots d\varepsilon_{2n} d\varepsilon_{1n} \tag{3-7}$$

假设用 ε_{jn} 对 $F(\varepsilon_{1n}, \varepsilon_{2n}, \cdots, \varepsilon_{Jn})$ 求偏微分得到的函数为 $F_j(\varepsilon_{1n}, \varepsilon_{2n}, \cdots, \varepsilon_{Jn})$，即：

$$F_j(\varepsilon_{1n}, \varepsilon_{2n}, \cdots, \varepsilon_{Jn}) = \frac{\partial F(\varepsilon_{1n}, \varepsilon_{2n}, \cdots, \varepsilon_{Jn})}{\partial \varepsilon_{jn}} \tag{3-8}$$

那么出行者 n 的选择概率 P_{in} 可以表达成如下形式：

$$P_{in} = \int_{\varepsilon_{1n}=-\infty}^{\infty} F_1(\varepsilon_{1n}, V_{1n}-V_{2n}+\varepsilon_{1n}, \cdots, V_{1n}-V_{Jn}+\varepsilon_{1n}) d\varepsilon_{1n} \quad (3-9)$$

从上式可以看出，如果概率项被特定为某一具体的数值 ε_{1n}，此外，其他的概率项全部满足关系 $V_{1n}+\varepsilon_{1n} \geqslant V_{jn}+\varepsilon_{jn}, (j=2, 3, \cdots, J_n)$，那么出行方式 1 被选择的概率可以通过对 ε_{1n} 在 $(-\infty, +\infty)$ 区间上的定积分求得。

如果假设概率项 ε_{in} 之间互相独立，联合分布函数 $F(\varepsilon_{1n}, \varepsilon_{2n}, \cdots, \varepsilon_{Jn})$ 就可以表示为每个概率项的分布函数 $F(\varepsilon_{jn})$ 的乘积，$F_1(\varepsilon_{1n}, \varepsilon_{2n}, \cdots, \varepsilon_{Jn})$ 可以表示为：

$$\begin{aligned} F_1(\varepsilon_{1n}, \varepsilon_{2n}, \cdots, \varepsilon_{Jn}) &= \frac{\partial F(\varepsilon_{1n}, \varepsilon_{2n}, \cdots, \varepsilon_{Jn})}{\partial \varepsilon_{1n}} \\ &= \frac{\partial [F(\varepsilon_{1n}) \cdot F(\varepsilon_{2n}) \cdot \cdots \cdot F(\varepsilon_{Jn})]}{\partial \varepsilon_{1n}} \\ &= F(\varepsilon_{2n}) \cdot \cdots \cdot F(\varepsilon_{Jn}) \frac{\partial F(\varepsilon_{1n})}{\partial \varepsilon_{1n}} \\ &= F(\varepsilon_{2n}, \cdots, \varepsilon_{Jn}) f(\varepsilon_{1n}) \end{aligned} \quad (3-10)$$

$f(\varepsilon_{1n})$ 是概率项 ε_{1n} 的概率密度函数。进一步，选择概率 P_{in} 可以表达成：

$$P_{in} = \int_{\varepsilon_{1n}=-\infty}^{\infty} F_1(V_{1n}-V_{2n}+\varepsilon_{1n}, \cdots, V_{1n}-V_{Jn}+\varepsilon_{1n}) f(\varepsilon_{1n}) d\varepsilon_{1n} \quad (3-11)$$

因为出行者 n 在出行方式选择集 A_n 中选择交通方式 i 的条件是：

$$U_{in} \geqslant \max U_{jn}; i \neq j, i,j \in A_n \quad (3-12)$$

也就是说将方案集合 A_n 中的出行方式 i 以外的所有方式 j 看成合成的选择方案，其效用值是所有 j 方式中的最大者，如果 U_{in} 大于这个合成选择方案的效用值，那么方式 i 将被选择。也就是说：

$$\begin{aligned} P_{in} &= Prob(U_{in} \geqslant \max U_{jn}; i \neq j, i,j \in A_n) \\ &= Prob(V_{in}+\varepsilon_{in} \geqslant \max(V_{jn}+\varepsilon_{jn})) \end{aligned} \quad (3-13)$$

上述公式是导出多项 Logit 模型的基础。

3.3.2 MNL 模型的导出

效用函数 U_{jn} 中的概率项部分 $\varepsilon_{jn}(j=1,2,\cdots,J_n)$ 服从具有相同参数的、独立的二重指数分布（Gumbel Distribution）时，假定将二重指数分布的参数 (η,ω) 的数值设为 $(0,1)$，则 $U_{jn}=V_{jn}+\varepsilon_{jn}$ 服从参数为 $(V_{jn},1)$ 的二重指数分布。而且，出行者选择交通方式 1 的概率为：

$$\begin{aligned} P_{1n} &= Prob(U_{1n} \geqslant U_{jn}; j=2,3,\cdots,J_n) \\ &= Prob(V_{1n}+\varepsilon_{1n} \geqslant V_{jn}+\varepsilon_{jn}; j=2,3,\cdots,J_n) \\ &= Prob(V_{1n}+\varepsilon_{1n} \geqslant \max_{j=2,\cdots,J_n}(V_{jn}+\varepsilon_{jn})) \end{aligned} \quad (3\text{-}14)$$

此处将 U_n^* 定义为 $U_n^* = \max\limits_{j=2,\cdots,J_n}(V_{jn}+\varepsilon_{jn})$，$U_n^*$ 服从参数为 $(\ln\sum\limits_{j=2}^{J_n} e^{V_{jn}},1)$ 的二重指数分布。令 $U_n^* = V_n^* + \varepsilon_n^*$，其中 $V_n^* = \ln\sum\limits_{j=2}^{J_n} e^{V_{jn}}$。通过二重指数分布的性质可以知道 ε_n^* 服从参数为 $(0,1)$ 的二重指数分布。所以：

$$\begin{aligned} P_{1n} &= Prob(V_{1n}+\varepsilon_{1n} \geqslant V_n^* + \varepsilon_n^*) \\ &= Prob((V_n^* + \varepsilon_n^*) - (V_{1n}+\varepsilon_{1n}) \leqslant 0) \end{aligned} \quad (3\text{-}15)$$

因为两个独立的二重指数分布的概率变量的残差服从后勤分布（Logistic distribution），可以得到：

$$\begin{aligned} P_{1n} &= \frac{1}{1+e^{V_n^*-V_{1n}}} = \frac{e^{V_{1n}}}{e^{V_{1n}}+e^{V_n^*}} \\ &= \frac{e^{V_{1n}}}{e^{V_{1n}}+\exp(\ln\sum\limits_{j=2}^{J_n} e^{V_{jn}})} \\ &= \frac{e^{V_{1n}}}{e^{V_{1n}}+\sum\limits_{j=2}^{J_n} e^{V_{jn}}} \end{aligned} \quad (3\text{-}16)$$

以上公式便是 MNL 模型，一般表达式可以写成：

$$P_{in} = \frac{e^{V_{in}}}{\sum_{j \in A_n} e^{V_{jn}}} \tag{3-17}$$

或者写成:

$$P_{in} = \frac{e^{V_{in}}}{\sum_{j=1}^{J_n} e^{V_{jn}}} \tag{3-18}$$

3.3.3 MNL 模型的标定

本研究通过极大似然估计法(Maximum Likelihood Estimation Method)对 MNL 模型进行标定。若出行者 n 在出行方式选择集 A_n 中选择交通方式 i 的概率为 P_{in},选择结果为 δ_{in},则 δ_{1n}, …, δ_{in}, …, δ_{Jn} 同时发生的概率是:

$$P_{1n}^{\delta_{1n}} \cdot P_{2n}^{\delta_{2n}} \cdot \cdots \cdot P_{in}^{\delta_{in}} \cdot \cdots \cdot P_{Jn}^{\delta_{Jn}} = \prod_{i \in A_n} P_{in}^{\delta_{in}} \tag{3-19}$$

其中,$\delta_{in} = \begin{cases} 1, \text{选择结果与} i \text{相同时} \\ 0, \text{其他} \end{cases}$

所以,出行者 $1, \cdots, n, \cdots N$ 的同时选择概率 L^* 可以通过以下公式求得:

$$L^* = \prod_{n=1}^{N} \prod_{i \in A_n} P_{in}^{\delta_{in}} \tag{3-20}$$

上述公式是 MNL 模型的似然函数,若对其求对数,得到:

$$L = \ln L^* = \prod_{n=1}^{N} \prod_{i \in A_n} \delta_{in} \ln P_{in}$$
$$= \sum_{n=1}^{N} \sum_{i \in A_n} \delta_{in} (\theta X_{in} - \ln \sum_{j \in A_n} e^{\theta X_{jn}}) \tag{3-21}$$

L 是关于 θ 的凸函数,所以 L 的极大似然估计值 $\hat{\theta}$ 可以通过将上式求导后等于 0 求得,也就是求解满足下式的 $\hat{\theta} = (\theta_1, \theta_2, \cdots, \theta_k)$ 的值求得。

$$\frac{\partial L}{\partial \theta_k} = \sum_{n=1}^{N} \sum_{i \in A_n} \delta_{in} \left(x_{ink} - \frac{\sum_{j \in A_n} x_{ink} e^{\theta X_{jn}}}{\sum_{j \in A_n} e^{\theta X_{jn}}} \right) = 0 \tag{3-22}$$

基于 P_{in} 的定义和 $\sum_{i=1}^{I_n} \delta_{in} = 1$，可以将上式简化为：

$$\sum_{i=1}^{N}\sum_{i\in A_n}(\delta_{in}-P_{in})x_{ink}=0, (k=1,\cdots,K) \quad (3-23)$$

梯度向量 ∇L 的各个元素可以由上述公式的左边给出。用 θ_l 对上述公式的左边求微分，可以得到荷赛矩阵(Hessian Matrix)中 $\nabla^2 L$ 的各个元素。∇L 和 $\nabla^2 L$ 分别表示为：

$$\nabla L = \begin{bmatrix} \partial L/\partial \theta_1 \\ \cdots \\ \partial L/\partial \theta_k \\ \cdots \\ \partial L/\partial \theta_K \end{bmatrix} = \begin{bmatrix} \sum_{i=1}^{N}\sum_{i\in A_n}(\delta_{in}-P_{in})x_{in1} \\ \cdots \\ \sum_{i=1}^{N}\sum_{i\in A_n}(\delta_{in}-P_{in})x_{ink} \\ \cdots \\ \sum_{i=1}^{N}\sum_{i\in A_n}(\delta_{in}-P_{in})x_{inK} \end{bmatrix} \quad (3-24)$$

$$\nabla^2 L = \begin{bmatrix} \partial^2 L/\partial \theta_1^2 & \cdots & \partial^2 L/\partial \theta_l \partial \theta_K \\ \vdots & \ddots & \vdots \\ \partial^2 L/\partial \theta_K \partial \theta_l & \cdots & \partial^2 L/\partial \theta_K^2 \end{bmatrix} = \begin{bmatrix} \Lambda_{11} & \cdots & \Lambda_{1K} \\ \vdots & \ddots & \vdots \\ \Lambda_{K1} & \cdots & \Lambda_{KK} \end{bmatrix} \quad (3-25)$$

其中：

$$\Lambda_{11} = -\sum_{n=1}^{N}\sum_{i\in A_n} P_{in}(x_{in1}-\sum_{j\in A_n} x_{jn1}P_{jn})^2 \quad (3-26)$$

$$\Lambda_{1K} = \Lambda_{K1} = -\sum_{n=1}^{N}\sum_{i\in A_n} P_{in}(x_{in1}-\sum_{j\in A_n} x_{jn1}P_{jn})(x_{inK}-\sum_{j\in A_n} x_{jnK}P_{jn}) \quad (3-27)$$

$$\Lambda_{kl} = -\sum_{n=1}^{N}\sum_{i\in A_n} P_{in}(x_{ink}-\sum_{j\in A_n} x_{jnk}P_{jn})(x_{inl}-\sum_{j\in A_n} x_{jnl}P_{jn}) \quad (3-28)$$

$$\Lambda_{KK} = -\sum_{n=1}^{N}\sum_{i \in A_n} P_{in}\left(x_{inK} - \sum_{j \in A_n} x_{jnK} P_{jn}\right)^2 \tag{3-29}$$

计算上述公式的最优估计值 $\hat{\theta}$ 采用牛顿－拉普松(Newton-Raphson)迭代法,该方法的求解过程为:在曲线 ∇L 上先找出任意一点,通过该点建立 ∇L 的切线方程式,找到该方程式与 x 横轴的交叉点,把此点上的 θ 值作为曲线 ∇L 解的近似结果,不断重复上述过程,直至获得满意 θ 的估计值 $\hat{\theta}$ 为止。

3.3.4 MNL 模型的检验

通过极大似然法得到参数后,接下来就是利用统计量分析这些近似结果的精度。因为 $\hat{\theta}$ 是随机变量,可以证明当样本数 N 趋于无穷大时, $\hat{\theta}$ 越来越接近于真实值 θ,也就是说 $\hat{\theta}$ 是 θ 的一致估计量。当 N 足够大时, $\hat{\theta}$ 服从正态分布,期望值 $E(\hat{\theta})$ 是参数的真实值,协方差矩阵 $V(\hat{\theta}) = [-\nabla^2 L(\theta)]^{-1}$,且在 θ 的所有估计量中, $\hat{\theta}$ 对应的协方差矩阵是最小的。这样我们可以利用 L 的荷赛矩阵的逆矩阵来估计 $V(\hat{\theta})$。下面是常用的统计量:

(1) t 值

$$t_k = \theta_k / \sqrt{v_k} \tag{3-30}$$

式中, v_k 是方差协方差矩阵中第 k 个对角元素。当 t_k 的绝对值大于 1.96,在 5% 的显著性水平上可以拒绝原假设,也就是有 95% 的置信水平认为相应的变量对选择概率具有显著影响。

(2) $L(0)$

$L(0)$ 是 θ_k 值为 0 时的 L 值,可由下式求得:

$$L(0) = \sum_{n=1}^{N}\sum_{i \in A_n} \delta_{in} \ln\left(\frac{1}{J_n}\right) = \sum_{n=1}^{N} J_n \tag{3-31}$$

(3) $L(c)$

$L(c)$ 是选择肢固有常量以外的 θ_k 值为 0 时的 L 值。

(4) $L(\hat{\theta})$

$L(\hat{\theta})$ 是 L 的最大值。

(5) $-2(L(0)-L(\hat{\theta}))$（似然比率，Likelihood Ratio）

似然比率是检验所有参数值是否为零的假设的统计量。可以证明，该值在假设 $H_0:\theta_1=\theta_2=\cdots=\theta_k=0$ 之下，当样本量 N 足够大时，$-2(L(0)-L(\hat{\theta}))$ 服从自由度为 K 的 χ^2 分布。在确定显著性水平 α 后，通过 χ^2 分布表可计算超过自由度 K 的 α 的 χ^2 值和 χ_α^2 值的概率。如果 $-2(L(0)-L(\hat{\theta}))>\chi_\alpha^2$，将拒绝原假设，也就是说并不是所有的 θ_k 都为 0。相反地，如果 $-2(L(0)-L(\hat{\theta}))\leqslant\chi_\alpha^2$，则不能拒绝原假设，可以认为所有 θ_k 都等于 0 的可能性很大。

(6) $-2(L(c)-L(\hat{\theta}))$

该统计量是用于检验选择方案固有哑元的参数 θ_1 以外的参数值是否全为 0。可以证明，该数值在假设 $H_0:\theta_2=\theta_3=\cdots=\theta_k=0$ 之下，当样本量 N 足够大时，$-2(L(c)-L(\hat{\theta}))$ 服从自由度为 $K+1$ 的 χ^2 分布。

(7) 似然比或 McFadden 决定系数

$$\rho^2 = 1 - \frac{L(\hat{\theta})}{L(0)} \quad (3-32)$$

式中，ρ^2 类似于相关系数的平方，ρ^2 值的大小在 0～1 之间，越接近于 1，说明模型的拟合优度越好。实际情况中，当 ρ^2 值在 0.2～0.4 之间时，即可认为模型的拟合优度较好。

(8) 修正似然比或修正 McFadden 决定系数

$$\bar{\rho}^2 = 1 - \frac{L(\hat{\theta})/(c-K)}{L(0)/c} \quad (3-33)$$

修正似然比或修正 McFadden 决定系数认为是用自由度修正后的相关系数。

实际模型检验过程中，比较常用的指标是 t 值、ρ^2 和 $\bar{\rho}^2$。t 值用于对单个变量的显著性进行检验，以判断单个变量是否显著影响低收入出行者的出行方式选择。ρ^2 和 $\bar{\rho}^2$ 用于评判模型的整体拟合优度。

非集计模型的建模和标定过程如图 3-4 所示。

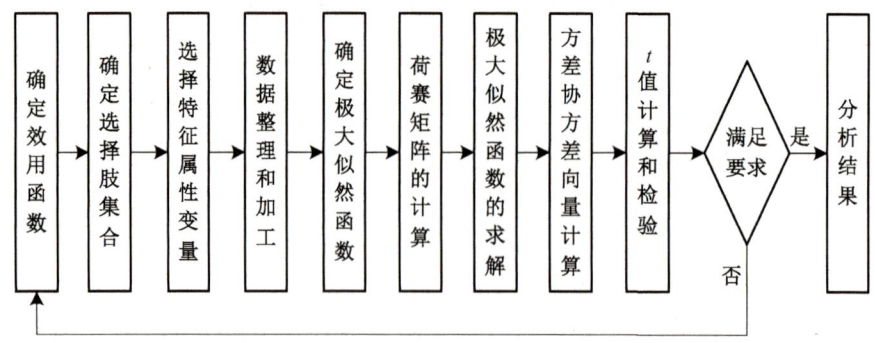

图 3-4 非集计模型的建模和标定过程示意图

3.4 结构方程模型理论

本研究中采集的数据不仅有低收入人群家庭、个体社会经济属性等观察变量，还有出行主观态度(舒适性需求、可靠性需求、安全意识、环保意识等)潜在变量，潜在变量是无法直接观测的，结构方程模型(Structural Equation Modeling, SEM)能有效地分析潜变量对出行行为的影响。戈洛布(Golob)[63]基于结构方程研究出行态度和选择 HOT(HOV-Toll)车道出行之间的相互关系，出行态度包括可接受度、公平性和缓解交通拥堵的有效性。加丹美斯(Galdames)等[64]认为心理因素(态度、社会因素、情感、习惯)在出行方式选择过程中发挥着重要作用。戈洛布(Golob)和亨舍(Hensher)[65]研究了澳大利亚居民环保意识潜变量和出行方式及是否选择弹性工作制的关系，发现女性、家庭小汽车拥有量低、30 岁以下或 50 岁以上、收入水平较高、受教育水平较高的居民的环保意识较高。萨卡诺(Sakano)和本杰明(Benjamin)[66]将 SP 数据和 RP 数据结合分析，通过结构方程建模发现对出行舒适度的态度、工作中的小汽车需求和出行时间是影响出行方式选择的显著因素。加尔林(Garling)等[67]分析态度变量对小汽车使用频率及是否选择小汽车出行的作用。奥特沃特(Outwater)等[68]研究发现通过态度指标问题识别潜在态度变量时，结构方程模型比 Logistic 回归效果更好。

在研究基于态度—行为模型的低收入人群出行方式选择机理时,结构方程模型作为一种参数线性多元统计模型,能有效地分析出行主观态度对出行行为的作用。结构方程模型是基于变量的协方差矩阵来分析变量间关系的多元统计技术,也称为协方差结构分析。本节重点介绍结构方程模型理论。

3.4.1 结构方程模型的特征

结构方程模型是一个结构方程式的体系,包含随机变量(Random Variable)和结构参数(Structural Parameter)。随机变量包括3种:观察变量(Observed Variable)、潜在变量(Latent Variable)、干扰/误差变量(Disturbance/error Variable)。结构方程模型有以下特征:

(1) 具有理论先验性

结构方程分析的特征是其假设因果模型必须建立在一定的理论上,因此是一种用以检验某一理论模型或假设模型适应性与否的统计技术,所以结构方程模型是一种验证性而非探索性的统计分析方法。

(2) 可同时处理测量与分析问题

结构方程模型是可以将测量与分析整合的计量研究技术,能够同时估计模型中的测量指标和潜在变量,不仅可以估计测量过程中指标变量的误差,也可以评估测量的信度与效度。结构方程分析又称为潜变量模型,在交通行为研究领域主要分析观察变量间彼此的复杂关系,潜在变量是无法直接测量的,但可以通过一组观察变量(或指标)加以测量。

(3) 关注协方差的应用

结构方程模型的核心是变量的协方差(Covariance)。在结构方程分析中,与协方差有关的功能有两个:一是利用变量间的协方差矩阵,来观测多个连续变量间的关联情况,这也是结构方程的描述性功能;二是可以反映理论模型所导出的协方差与实际采集数据的协方差间的差异,这也是结构方程的验证性功能。

(4) 适用于大样本的统计分析

协方差分析如果样本数过小,则估计的结果会欠缺稳定性。结构方程分析通过协方差矩阵来计算,因而参数估计与拟合度的卡方检验对样本数量的大小比较敏感。与其他统计技术一样(如因子分析),结构方程适用于大样本的分析,样本数量愈多,则结构方程分析的稳定性与各种指标的适用性也愈佳。一般而言,若要追求稳定的分析结果,样本数量最好在 200 以上。

(5) 重视多重统计指标的运用

结构方程模型所处理的是整体模型契合度的程度,关心整体模型的比较,因此模型参考的指标是多元的,研究者需要参考多种不同指标才能对模型的拟合程度做出整体的判别。

整体模型拟合度的检验,就是要检验总体的协方差矩阵 Σ 与假设模型的代表函数,也就是假设模型隐含的变量间的协方差矩阵 $\Sigma(\theta)$,两者之间的差异程度。虚无假设 $H_0: \Sigma = \Sigma(\theta)$。但在实际情况中无法得知总体的方差和协方差,因此只能依据样本数据导出的参数 $(\hat{\theta})$ 估计值代替总体导出的参数 (θ),根据样本拟合假设模型导出的方差与协方差矩阵为 $\hat{\Sigma} = \Sigma(\hat{\theta})$,$\hat{\Sigma}$ 是假设模型隐含的协方差矩阵,实际样本数据导出的协方差矩阵为 S(代替总体的 Σ 矩阵)。

模型的拟合度检验就是检验样本数据的 S 矩阵与假设模型隐含的协方差矩阵 $\hat{\Sigma}$ 之间的差异,完美的拟合状态是 $S - \hat{\Sigma} = 0$,两者的差异值越小说明模型的拟合程度越好,两个矩阵元素的差异值即为残差矩阵,残差矩阵元素都是 0 时表示假设模型与观察数据之间达到完美契合。

3.4.2 结构方程模型的结构

结构方程模型中有两个基本模型,分别是测量模型(Measurement Model)和结构模型(Structural Model)。

(1) 测量模型

测量模型由潜在变量与观察变量组成。潜在变量必须是两个及以上的观察变量来估计,称为多元指标原则,不同观察变量间的协方差反映潜在变量的共同影响。观察变量由于受到潜在变量的影响,使得观察变量的指标打分呈现高低的变化,一般来说每个观察变量会有不同程度的测量误差或残差,指无法被共同潜在变量解释的部分。结构方程模型分析中,观察变量一定存在,但是潜在变量不可能单独存在,因为潜在变量反映的是某种抽象的概念,不是真实存在的变量,而是由观察变量测量估计出来的。

对于指标与潜在变量之间的关系,通常写成如下测量方程:

$$X = \Lambda_x \xi + \delta \tag{3-34}$$

$$Y = \Lambda_y \eta + \varepsilon \tag{3-35}$$

其中:

X ——外源指标组成的向量;

Y ——内生指标组成的向量;

ξ ——外源潜在变量组成的向量;

η ——内生潜在变量组成的向量;

Λ_x ——外源指标与外源潜在变量之间的关系,表示外源指标在外源潜在变量上的因子负荷矩阵;

Λ_y ——内生指标与内生潜在变量之间的关系,表示内生指标在内生潜在变量上的因子负荷矩阵;

δ ——外源指标的误差项;

ε ——内生指标的误差项。

(2) 结构模型

结构模型是潜在变量之间因果关系模型的说明,作为因的潜在变量称为外源潜在变量,作为果的潜在变量称为内生潜在变量。外源潜在变量对内生潜在变量的解释变异会受到其他变因的影响,此影响变量称为干扰潜在变量,即是结构模型中的干扰因素或者残差值。结构模型又可称为因果模型。

在结构方程模型分析过程中,只有测量模型而无结构模型的回归关系称为验证性因子分析;相反地,只有结构模型而无测量模型的称为潜在变量之间因果关系的探讨,相当于传统的路径分析,其中的差别在于结构模型探讨潜变量间的因果关系,而路径分析探讨的是观察变量间的因果关系。

对于潜在变量之间的关系,通常可以写成如下的结构方程:

$$\eta = B\eta + \Gamma\xi + \zeta \tag{3-36}$$

其中：

η——内生潜在变量组成的向量；

ξ——外源潜在变量组成的向量；

B——内生潜在变量之间的关系；

Γ——外源潜在变量对内生潜在变量的影响；

ζ——结构方程模型的残差项，反映了 η 在方程中未能被解释的部分。

3.4.3 参数估计方法

在结构方程模型分析中，拟合的目标是求参数，使得模型隐含的协方差矩阵 $\Sigma(\theta)$ 与样本协方差矩阵 S 的残差最小。这个"残差"称为拟合函数（Fitting Function）。不同的拟合函数对应着不同的参数估计方法，例如最大似然法、无权最小二乘法、广义最小二乘法、加权最小二乘法等。一般情况下，广义最小二乘法和最大似然法应用时要求数据服从多元正态分布。本研究中分析影响低收入人群出行方式选择的变量有离散变量（性别、年龄等），也有次序变量（主观态度指标问题的打分），数据不是连续变量，严格上说，需要采用加权最小二乘法来估计参数，但因最大似然法收敛速度快，并且有研究[69][70]指出数据不是多元正态分布时最大似然法的估计结果也是可靠的。卢（Lu）和帕斯（Pas）[71]也认为最大似然法和加权最小二乘法得出的参数在符号、量值、显著性以及模型的整体拟合优度上都比较相近。因此，本研究采用最大似然法对模型估计。最大似然法的拟合函数是：

$$F_{ML} = \log|\Sigma(\theta)| - \log|S| + tr|S\Sigma(\theta)| - (p+q) \qquad (3-37)$$

其中，p 为内生变量个数，q 是外源变量个数，F_{ML} 是似然对数的 $(-2/n)$ 倍，n 表示样本量。$T = (n-1)F_{ML}$ 服从卡方分布，该值常作为模型检验的标准之一。

3.4.4 模型拟合优度评价指标

拟合优度检验指标是用于评价假设的路径分析模型与搜集到的数据是否相互适配，而不是说明路径分析模型的好坏。常用的模型拟合优度评价指标有：

(1) 卡方值 χ^2

卡方值越小表示整体模型的因果路径图与实际数据越适配，不显著的卡方值表示模型的因果路径图模型与实际数据不一致的可能性较小。当卡方值为 0 时，表示假设模型与观察数据十分适配。而显著的卡方值表示理论模型估计矩阵与观察数据矩阵间是不匹配的。若采用极大似然对结构方程模型进行估计，那么 χ^2 值的计算公式为：

$$\chi^2 = (n-1)/F(S;\hat{\Sigma}) \tag{3-38}$$

其中，$F(S;\hat{\Sigma})$ 表示拟合函数，n 表示样本数，S 表示样本数据的协方差矩阵，$\hat{\Sigma}$ 表示假设模型隐含的协方差矩阵。

(2) 拟合度指标（Goodness of Fit Index；GFI）

GFI 指标用来显示观察矩阵（S）中的方差与协方差可被复制矩阵（$\hat{\Sigma}$）预测得到的量，其数值是指根据"样本数据的观察矩阵 S 与理论构建复制矩阵 $\hat{\Sigma}$ 之差的平方和"与"观察的方差"的比值。如果 GFI 值越大，表示理论构建复制矩阵能解释样本数据的观察矩阵的变异量越大，二者的契合度越高。GFI 越接近于 1，表示模型的拟合度越佳，一般情况下 GFI 大于 0.90 表示模型路径图与实际数据有着良好的拟合度。公式如下：

$$GFI = 1 - \frac{F(S;\hat{\Sigma})}{F(S;\Sigma(0))} = 1 - \frac{tr[\Sigma^{-1}(S-\Sigma)]^2}{tr[\Sigma^{-1}S]^2} \tag{3-39}$$

式中，$F(S;\hat{\Sigma}(0))$ 表示所有参数都是 0 时虚无模型的拟合函数值。

(3) 不规范拟合指数（Non-Normed Fit Index，NNFI）

不规范拟合指数用来比较两个对立模型之间的拟合程度，或者用来比较所提出的模型与虚无模型之间的拟合程度，数值介于 0 和 1 之间，愈接近于 1，表示模型的拟合程度愈好，实际情况中 NNFI 大于 0.90 即可视为具有理想的拟合优度。其计算公式为：

$$NNFI = \left[\frac{\chi^2_{null}}{df_{null}} - \frac{\chi^2_{test}}{df_{test}}\right] / \left[\frac{\chi^2_{null}}{df_{null}} - 1\right] \quad (3-40)$$

式中，χ^2_{null} 和 χ^2_{test} 分别表示虚无模型和假设模型的卡方值；df_{null} 和 df_{test} 分别表示虚无模型和假设模型的自由度。

(4) 比较拟合指数(Comparative Fit Index，CFI)

比较拟合指数 CFI 是在对假设模型和虚无模型比较时取得，其值在 0~1 之间，愈接近于 1 表示拟合程度愈好，一般情况下 CFI 大于 0.90 即可视为具有理想的拟合优度。其计算公式为：

$$CFI = \frac{(\chi^2_{null} - df_{null}) - (\chi^2_{test} - df_{test})}{\chi^2_{null} - df_{null}} \quad (3-41)$$

式中，χ^2_{null} 和 χ^2_{test} 分别表示虚无模型和假设模型的卡方值；df_{null} 和 df_{test} 分别表示虚无模型和假设模型的自由度。

(5) 近似均方根误差（Root Mean Square Error of Approximation，RMSEA）

RMSEA 的意义是每个自由度的平均 Σ 与 $\Sigma(\theta)$ 的差异值，因为考虑了自由度，所以可将模型的复杂度也列入考虑，其公式如下：

$$RMSEA = \sqrt{\frac{F_0}{df}} = \sqrt{\max\left(\frac{F_{ML}}{df} - \frac{1}{N-1}, 0\right)} \quad (3-42)$$

式中，F_0 是总体差异的函数值，F_{ML} 是用极大似然法估计的拟合函数值，df 表示自由度，N 表示样本数。

当模型完全拟合时，RMSEA 值等于 0，其值越小表示模型的拟合优度越佳。实际情况中，RMSEA 值小于 0.05 时即可认为模型的拟合优度非常好。

3.4.5 结构方程模型分析流程

一般的结构方程模型分析可整体概括为四大步骤：

(1) 模型设定。主要是根据相关理论研究设定模型中各变量之间的关系。

(2) 模型拟合。初始模型构建后，接下来要设法求出模型的参数解，也就是对模型中的参数进行估计,结构方程模型中,拟合的目标是求参数使得模型隐含的协方差矩阵 $\Sigma(\theta)$ 与样本数据的协方差矩阵 S 的残差值最小。

(3) 模型评价。模型评价主要从两个方面进行:首先检验多个不同类型的拟合指数从而对模型做出整体评价;然后检验参数的显著性,评价参数的解是否恰当,参数与预设模型的关系是否合理。主要的拟合指标在上文已经详细给出。

(4) 模型修正。根据模型评价的结果,增加或删除变量间的关系,对模型进行修正,使其能更好地拟合实际数据,接近客观现实。由此也能看出结构方程模型具有探索性的功能。

结构方程模型分析的基本流程示意图见图 3-5。

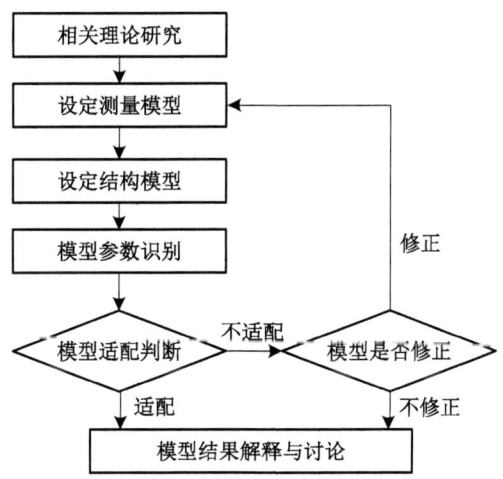

图 3-5 结构方程模型分析的基本流程示意图

3.5 支持向量机理论

本研究提出基于支持向量机的出行对策改善效果评价,预测分析不同交通政策下低收入人群出行方式选择变化的情况。支持向量机(Support Vector Machine,SVM)是基于统计学理论,从观测样本数据出发运用统计学方法,对样本数据规律进行学习,研究其内在的联系,同时利用该规律对未知数据进行预测估计。支持向量机的模型定义为特征空间上间隔最大的线性分类器,基本思想是寻找能够将全部训练样本点正确分类的最优分类面,同时保证距离该分类面最近的样本点与其间隔最大,学习策略是间隔最大化,最终转化为凸二次规划求解问题。

3.5.1 分类器

(1) 线性分类器

为了介绍支持向量机的分类功能,先从简单的二分类问题开始,如图3-6所示。假设二维空间中仅有两类样本 A_1 和 A_2,中间直线称为线性分类函数,作用在于将这两类样本分开。如果样本数据能够完全被线性函数正确分离,那么该样本数据属于线性可分,该线性函数称为线性分类器。

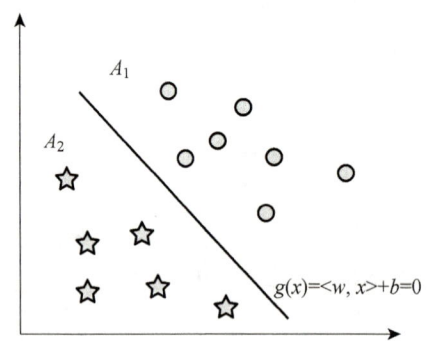

图3-6 简单线性分类平面示意图

在二维平面中给定分类函数的法向量 w,则线性分类函数可表示为:

$$g(x) = <w, x> + b \tag{3-43}$$

式中,x 为样本组成的向量。线性函数的函数值一般是连续实数,但是二元分类问题的输出是离散值,因此可以给实值函数附加一个阈值,将分类函数计算得到的数值同阈值进行对比,进而确定所在分类属性。设定阈值为0,对样本 x_i 进行判定,如果 $g(x_i) > 0$,则判定属于类别 A_1;如果 $g(x_i) < 0$,则判定属于类别 A_2。这其实等价于给 $g(x_i)$ 添加符号函数 $f(x) = sgn(g(x))$,该符

号函数其实是实际判别函数。把两个样本完全分开的分类函数为 $g(x) = <w,x>+b=0$,高维空间中该函数称为超平面,在实际情况中超平面并不唯一。

(2) 最大间隔分类器

对数据点进行分类时,数据点距离超平面的间隔越大,意味着分类的准确度就越高,为提高分类准确度,需要选择能够最大化该距离间隔的超平面。在二元线性分类中,选择两个类别标签的数值分别为 1 和 -1,任意样本到超平面的间隔定义为:

$$\delta_1 = y_i(<w,x_i>+b) \tag{3-44}$$

由于 y_i 和 $<w,x_i>+b$ 具有相同符号,得出:

$$y_i(<w,x_i>+b) = |g(x)| \tag{3-45}$$

将 w 与 b 进行归一化处理,采用向量范数表示,即用 $\dfrac{w}{\|w\|}$ 和 $\dfrac{b}{\|b\|}$ 分别表示 w 和 b,得到点到超平面的几何间隔(称为欧式距离)为:

$$\delta_i = \frac{1}{\|w\|} |g(x_i)| \tag{3-46}$$

将样本点距离超平面的最小距离间隔定义为 1,通过计算得到此时两条极端直线间的几何间隔为 $\dfrac{2}{\|w\|}$,如图 3-7 所示。

最大化分类间隔等价于最小化 $\|w\|$,即 $\min \|w\|$。其等价的目标函数可以表达为:

$$\min \frac{1}{2}\|w\|^2 \tag{3-47}$$

样本点全部位于 H_1 或 H_2 的一侧或者在 H_1 或 H_2 上,将样本点距离超平面的最小距离间隔定义为 1,可以得到集合中其他样本点与超平面的距离都大于或者等于 1,得到该目标函数的约束条件:

$$<w,x_i>+b \geqslant 1 \tag{3-48}$$

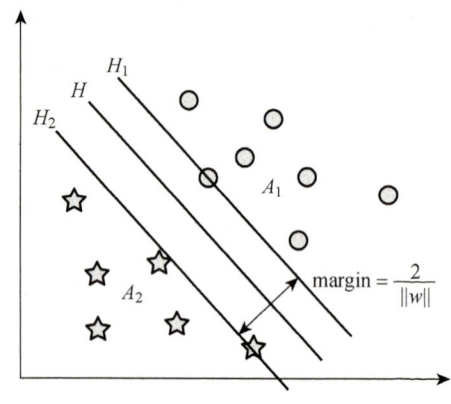

图 3-7 最优分类界面示意图

因此,最大化分类间隔可转换为如下优化问题,表示为:

$$\min \frac{1}{2} \|w\|^2 \tag{3-49}$$

$$s.t. <w, x_i> + b - 1 \geqslant 0 (i=1,2,\cdots,N) \tag{3-50}$$

3.5.2 凸最优化求解

上述最大化间隔求解问题可以通过拉格朗日对偶性原理,变换为对偶变量的优化问题,也就是通过求解与原问题等价的对偶问题获得最优解。定义拉格朗日函数为:

$$L(w,b,\alpha) = \frac{1}{2} \|w\|^2 - \sum_{i=1}^{n} \alpha_i (y_i <w^T x_i + b> - 1) \tag{3-51}$$

其中 α_i 为拉格朗日乘子,然后令:

$$\theta(w) = \max L(w,b,\alpha) \tag{3-52}$$

满足约束条件的最优化问题等价于:

$$\min \theta(w) = \min \max L(w,b,\alpha) = p^* \tag{3-53}$$

式中,p^* 表示该优化问题的最优值,调整最小化和最大化问题顺序,目标函数变为:

$$\max \min L(w, b, \alpha) = d^* \tag{3-54}$$

那么变换后的优化问题为原始问题的对偶问题,对偶问题的最优值表示为 d^*,$d^* \leqslant p^*$。在满足卡鲁什—库恩—塔克(Karush-Kuhn-Tucker, KKT)条件的情况下,两者相等,此时可以通过对偶问题间接求解原始优化问题。KKT 的条件描述如下:

最优化问题数学模型的标准形式表示为:

$$\min f(x) \tag{3-55}$$

$$s.t. \begin{cases} h_j(x) = 0, j = 1, \cdots, p \\ g_k(x) \leqslant 0, k = 1, \cdots q \\ x \in X \subset R^n \end{cases} \tag{3-56}$$

其中,$f(x)$ 是目标函数,$h(x)$ 是等式约束,$g(x)$ 是不等式约束,p 和 q 分别为等式约束和不等式约束的数量。

根据凸优化的概念可以知道,$x \subset R^n$ 为凸集合,$f: X \to R$ 为凸函数。凸优化问题就是找出一点 $x^* \in X$,使得任意 $x \in X$ 都满足 $f(x^*) \leqslant f(x)$。

KKT 条件是保证非线性规划问题存在最优解的充分和必要条件,满足 KKT 条件是指上述标准形式优化问题的最优解必须满足以下的条件:

$$\begin{cases} h_j(x^*) = 0, j = 1, \cdots p \quad g_k(x^*) \leqslant 0, k = 1, \cdots q \\ \Delta f(x^*) + \sum_{j=1}^{q} \lambda_j \Delta h_j(x^*) + \sum_{k=1}^{q} u_k \Delta g_k(x^*) = 0, \\ \lambda_j \neq 0, u_k \geqslant 0, u_k g_k(x^*) = 0 \end{cases} \tag{3-57}$$

可以证明上述支持向量机的优化问题,首先满足斯莱特(Slater)条件,其次 f 与 g_i 可微,另外 L 对 w 和 b 可导,那么说明该优化问题满足 KKT 条件,因而上述求解可以转换为其对偶优化问题。

3.5.3 对偶问题求解

首先对 α 固定,求解 L 关于 w 和 b 的最小值,可以分别对 w 和 b 求偏导数,

再令 $\frac{\partial L}{\partial w}$ 和 $\frac{\partial L}{\partial b}$ 等于 0。

$$\frac{\partial L}{\partial w} = 0 \Rightarrow w = \sum_{i=1}^{n} \alpha_i y_i x_i \tag{3-58}$$

$$\frac{\partial L}{\partial b} = 0 \Rightarrow \sum_{i=1}^{n} \alpha_i y_i = 0 \tag{3-59}$$

将结果代入 L 可以得到:

$$L(w, b, \alpha) = \frac{1}{2} \left(\sum_{i=1}^{n} \alpha_i y_i x_i \right)^{\mathrm{T}} \sum_{i=1}^{n} \alpha_i y_i x_i - b \sum_{i=1}^{n} \alpha_i y_i + \sum_{i=1}^{n} \alpha_i \tag{3-60}$$

因为 α_i 与 y_i 都是实数,满足 $\alpha_i^{\mathrm{T}} = \alpha_i$, $y_i^{\mathrm{T}} = y_i$, 整理可以得到:

$$L(w, b, \alpha) = \frac{1}{2} \sum_{i,j=1}^{n} \alpha_i y_i (x_i)^{\mathrm{T}} \alpha_j y_j x_j - b \sum_{i=1}^{n} \alpha_i y_i + \sum_{i=1}^{n} \alpha_i$$

$$= \sum_{i=1}^{n} \alpha_i - \frac{1}{2} \sum_{i,j=1}^{n} \alpha_i \alpha_j y_i y_j x_i^T x_j \tag{3-61}$$

该公式中只包含变量 α_i, 求出 α_i 就可以求出 w 和 b。然后求对 α 的极大值,即是关于对偶问题的最优化问题,表示为:

$$\max \sum_{i=1}^{n} \alpha_i - \frac{1}{2} \sum_{i,j=1}^{n} \alpha_i \alpha_j y_i y_j x_i^T x_j \tag{3-62}$$

$$s.t. \begin{cases} \alpha_i \geqslant 0, i = 1, \cdots, n \\ \sum_{i=1}^{n} \alpha_i y_i = 0 \end{cases} \tag{3-63}$$

求出 α_i, 并根据:

$$w^* = \sum_{i=1}^{n} \alpha_i y_i x_i \tag{3-64}$$

$$b^* = -\frac{\max_{i,y^{(i)}=-1} w^{*T} x^{(i)} + \min_{i,y^{(i)}=1} w^{*T} x^{(i)}}{2} \tag{3-65}$$

最后,可以求得 $L(w,b,\alpha)$ 关于 w 和 b 的最小值。

3.5.4 核函数

(1) 核函数的引入

超平面的分类方法不能解决非线性分类问题,可以通过添加核函数 $K(x_i, x_j)$ 将数据映射到高维空间中,来解决在原始空间中线性不可分的问题。在线性不可分的情况下,支持向量机首先在低维空间中完成计算,然后通过核函数将输入空间映射到高维特征空间中,最终在高维特征空间中构造出最优分离超平面,从而把低维平面上不可分的非线性数据分开。如图 3-8 所示,原始数据在二维空间里无法划分,将其映射到三维空间里即可实现划分。

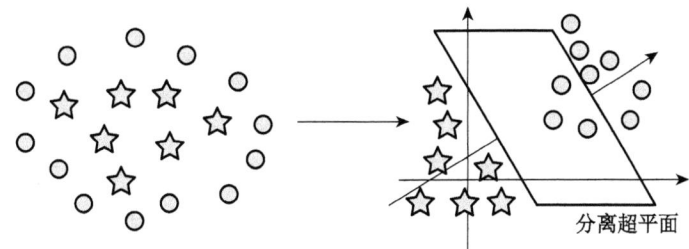

图 3-8 核函数映射示意图

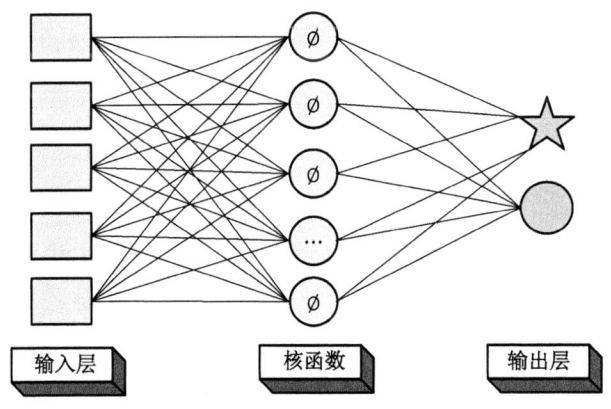

图 3-9 核函数的工作机制

在非线性可分的求解过程中,用核函数替换特征空间的内积运算,对于所有的 $x_i, x \in X$,核函数满足 $K(x, z) = <\Phi(x_i), \Phi(x)>$,其中 Φ 是从 x 到内

积特征空间 Γ 的映射，求解 $f(x) = \sum_{i=1}^{l} \alpha_i y_i <\Phi(x_i),\Phi(x)> + b$。

支持向量机中有多种核函数形式，目前研究中广泛使用的有如下 4 种：

① 多项式核函数：$k(x_1,x_2) = (<x_1,x_2>+R)^d$；

② 径向基核函数（RBF）：$k(x_i,x) = exp(-r\frac{\|x_i-x\|^2}{\sigma^2})$；

③ 线性核函数：$k(x_i,x) = <x_i,x>$，该函数实质是原始空间中的内积；

④ Sigmoid 核函数：$k(x_i,x) = \tanh(v(x_i,x)+c)$，该核函数含有一个隐藏的多层感知器，不会存在局部极小值点的问题。

(2) 使用松弛变量处理离群值

上文考虑使用核函数找到可行的超平面将非线性数据完全分开。虽然通过映射将原始数据映射到高维空间之后，能够线性分隔的概率会大大增加，但是当数据有噪音的时候，情况将很难处理。这里把偏离正常位置很远的数据点称为离群值。考虑离群值问题时，需要引入松弛变量（Slack Variable）$\varepsilon_i(\varepsilon_i \geqslant 0)$，松弛变量是对应数据点允许偏离的量。上述问题对应的约束条件变成：

$$<w,x_i>+b \geqslant 1-\varepsilon_i \tag{3-66}$$

当然，如果允许 ε_i 任意大的话，那任意超平面都是符合条件的了。因此，需要在原来的目标函数后面加上一项，使得这些 ε_i 的总和最小：

$$\min \frac{1}{2}\|w\|^2 + C\sum_{i=1}^{n} \varepsilon_i \tag{3-67}$$

其中，C 是惩罚因子，用于控制目标函数中两项（"寻找 margin 最大的超平面"和"保证数据点偏差最小"）之间的权重，是实现错分样本的比例与算法复杂度之间的折中。若 C 过大，就会引起过学习，影响分类器的泛化能力。用之前的方法将约束条件代入到目标函数中，得到新的拉格朗日函数，如下所示：

$$L(w,b,\varepsilon,\alpha,r) = \frac{1}{2}\|w\|^2 + C\sum_{i=1}^{n}\varepsilon_i - \sum_{i=1}^{n}\alpha_i\big(y_i<w^T x_i+b> - 1 + \varepsilon_i\big) - \sum_{i=1}^{n} r_i\varepsilon_i$$

式中，α 和 r 为拉格朗日乘子。转换成对偶问题，则表达为：

$$\max \sum_{i=1}^{n} \alpha_i - \frac{1}{2} \sum_{i,j=1}^{n} \alpha_i \alpha_j y_i y_j x_i^{\mathrm{T}} x_j \tag{3-68}$$

$$s.t. \begin{cases} 0 \leqslant \alpha \alpha_i \leqslant C, i=1,\cdots,n \\ \sum_{i=1}^{n} \alpha_i y_i = 0 \end{cases} \tag{3-69}$$

上述是针对二分类问题，支持向量机可以拓展至研究多分类问题，本研究中低收入出行方式选择就包括5种交通方式：步行、自行车、电动车、公共交通和小汽车。较为常用的"一对一（One-Versus-One）"的方法被用于处理多分类的数据，本研究也采用该方法。这种方法是基于最多数投票的原则，判别出行方式选择时的工作过程可以简单描述为：计算一些交通方式分类器，第一个只回答"是第1类还是第2类"，第二个只回答"是第1类还是第3类"，第三个只回答"是第1类还是第4类"，如此下去。最后统计票数，如果类别"1"得票最多，则判定该交通方式选择属于第1类。继续下去，直至5种交通方式都被识别出来。

第 4 章　城市低收入人群出行行为数据采集

4.1　调查方案设计与数据采集

4.1.1　以家庭为单位的出行调查方案设计

基于活动—出行的研究国外多采用活动日志调查，该调查侧重对居民日常活动时间和空间使用的跟踪，调查内容一般包括居民一日内交通相关活动的详细记录情况、家庭属性和个人属性信息。活动日志调查虽然提供了居民全天中完整的活动信息，但对于捕捉活动与活动之间的关联性上仍较为困难。

本书研究在传统活动日志调查的基础上补充和完善了调查内容：①以家庭为单位进行调查，要求户主填写家庭相关信息，同时要求家庭中 6 岁以上的所有成员都填写居民出行调查表，同一家庭成员获得相同的家庭编号；②调查中除补充与出行链和出行方式选择等密切相关的家庭和个人信息外，对出行发生的顺序和起始点进行强化，以便能够提取个体一天完整的出行链。本书研究中，以家庭为单位的调查内容包括以下 3 个方面：家庭属性、个人属性、出行属性。

（1）家庭属性

家庭属性调查内容包括家庭地址，家庭规模，家庭拥有的自行车数、电动车数、摩托车数和小汽车数，以及家庭年总收入。具体见表 4-1。

表 4-1　家庭属性调查表

居住地址		区	街道（乡镇）		路		号
家庭人数							
自行车数		电动车数		摩托车数		小汽车数	
家庭年总收入（所有来源）		<2万元	2万~4万元	4万~6万元	6万~10万元	>10万元	

(2) 个人属性

个人属性包括性别、职业、是否有驾照、年龄、是否有公交卡、受教育程度等信息。具体见表4-2。

表4-2 个人属性调查表

性别	男	女	受教育程度	初中及以下	高中及中专	大专及本科	硕士及以上	
	1	0		1	2	3	4	
职业	学生	工人	公务员及事业单位人员	公司职员	私营及个体劳动者	离退休	待业人员	自由职业	其他
	1	2	3	4	5	6	7	8	9
是否有驾照	有	无	是否有公交卡	有	无	年龄	6~19	20~29	30~39	40~49	50~59	≥60
	1	0		1	0		1	2	3	4	5	6

(3) 出行属性

出行属性包括出发时间、出发地点、出发地场所类型、出行目的（活动类型）、出行方式、到达地点、到达场所类型和到达时间，其中特别关注出行发生的次序（用出行次序来提取出行链）。出行链信息提取过程中用出行时间（下一次的出发时间晚于该次的到达时间）、下一次出行起点和该次出行到达地点的一致性来检验出行链的完整性。具体示意见图4-1。

出行目的		出行方式		场所类型	
1. 上班	6. 接送他人	1. 步行	6. 搭乘小汽车	1. 住宅、集体宿舍	6. 体育运动设施
2. 上学	7. 看病/探病	2. 自驾自行车	7. 公交车	2. 学校教育设施	7. 医疗卫生设施
3. 公务(工作相关)	8. 回家	3. 自驾电动车或摩托车	8. 出租车	3. 行政办公设施	8. 工厂、作业现场
4. 购物/餐饮	9. 回单位	4. 搭乘电动车或摩托车	9. 单位小汽车	4. 商业金融设施	9. 公园、绿化带
5. 社交/娱乐	10. 其他	5. 自驾小汽车	10. 单位班车	5. 文化娱乐设施	10. 其他
			11. 其他		

出行次序	出发时间(时:分)24小时制(例如 7:15)	出发地点详细地址	出发地场所类型编号	出行目的编号	出行方式编号	到达地点详细地址	到达地场所类型编号	到达时间(时:分)24小时制(例如 17:20)
样例	7:15	临江路东段40号半岛假日	1	1	7	琥珀街2号抚顺规划院	3	7:45
1	:							:
2	:							:
3	:							:
4	:							:

图4-1 出行属性调查表示意图

4.1.2 问卷调查

数据主要来自 2014 年抚顺市居民出行调查,同时于 2010 年在南京市开展了针对社会保障住房家庭的入户调查,南京市和抚顺市的基础信息见表 4-3。

表 4-3 南京市、抚顺市的城市基础特征信息

城市名称		南京市	抚顺市
调查时间		2010 年 10 月 30 日	2014 年 10 月 29 日
城市特征 (调查年)	建成区面积(平方千米)	693	120
	人口(万人)	540	142.6
	人均可支配收入(元/年)	39 881	25 035

(1) 抚顺市居民出行调查

抚顺市位于辽宁省,是沈阳经济区副中心城市,是全省第四大城市,市辖 4 个行政区(新抚区、东洲区、望花区、顺城区)以及沈抚新城(抚顺经济开发区)。抚顺市浑河北岸的顺城区居住人口最多,就业岗位多分布在顺城区与新抚老城区。

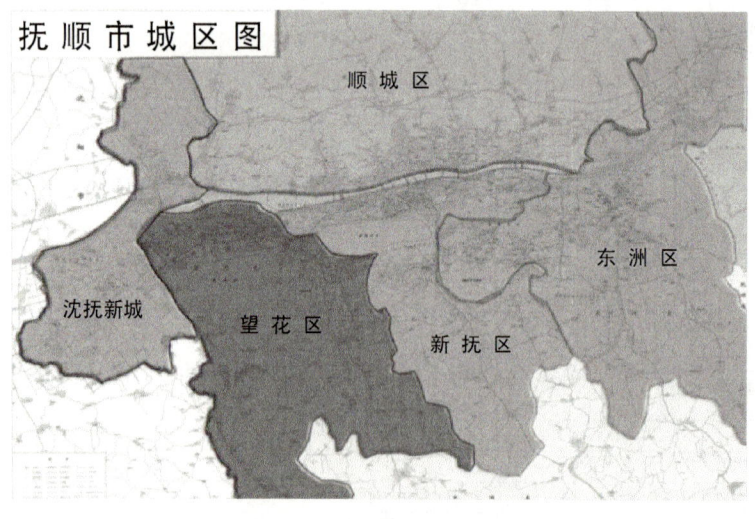

图 4-2 抚顺市行政规划图

为编制城市公共交通规划,抚顺市交通运输局于2014年10月29日开展了家访式入户居民出行调查。出行调查的内容主要包括家庭属性信息、个人属性信息以及一日活动出行详细记录。调查范围覆盖全市4个行政区(新抚区、东洲区、望花区、顺城区)以及沈抚新城(抚顺经济开发区)。为确保调查数据全面、准确、翔实,同时兼顾我国的行政区划分级制度,问卷采用"区—街道办—社区—家庭户"的多级抽样法。抽样具体方法如下:第一级为区,涵盖抚顺市的4个区以及沈抚新城,即抽样率为100%;第二级为从区中抽取街道办,为了保证抽样的完整性,此级抽样率仍为100%;第三层为从选中的街道办中抽取社区,为了保证样本覆盖性,此级社区抽样率也为100%;第四层为确定社区抽样户数。基于社区均匀抽样理念,根据人口覆盖社区情况进行抽样。本次调查抽样方案共计抽取约2.05万户(家庭)5万人左右的抽样样本,占市区人口的3.47%。

(2) 南京市社会保障住房入户调查

2010年课题组针对南京市社会保障住房家庭进行了专门的调查。调查范围包括外缘平民区、外缘区的解困住宅区,以及城郊结合部的经济适用房小区。①外缘平民区:主要是历史遗留下来的中、低收入家庭的棚户区或板房区,以及中华人民共和国成立后通过见缝插针的方式新建的平房和少数居民楼。如:下关挹江门沿北部城墙、老城南地区、南捕厅一带。②外缘区的解困住宅区:由于强调城市综合开发,小区规模大。往往是单位统一购房,再无偿或福利性有偿分配给职工,社区空间仍为单位制所有,如南京城北的金陵小区。③城郊结合部的经济适用房小区:社区主要是20世纪90年代以后城市更新中城市居民被迫大跨度迁移以及乡村向城市渗透的结果,存在于建成区的外围地带,开发规模大,设施匮乏如铁心村、景家村、高桥门、南湾营、仙鹤门、尧化门、莲花城、城南板桥永安。

调查内容包括:家庭基本特征,居民个人特征,居民一日出行特征,以及居民对城市交通的意见与建议。采取等距随机方法以家庭为单位抽取填表人,一人一表。抽样时根据社区住宅楼的分布范围等距随机进行,例如一个社区大约需抽取20户家庭,该社区共有10栋住宅,则需要每栋住宅抽取2户,不能集中一栋住宅抽样。根据住宅楼层数,随机抽取,不能全部集中在一层。

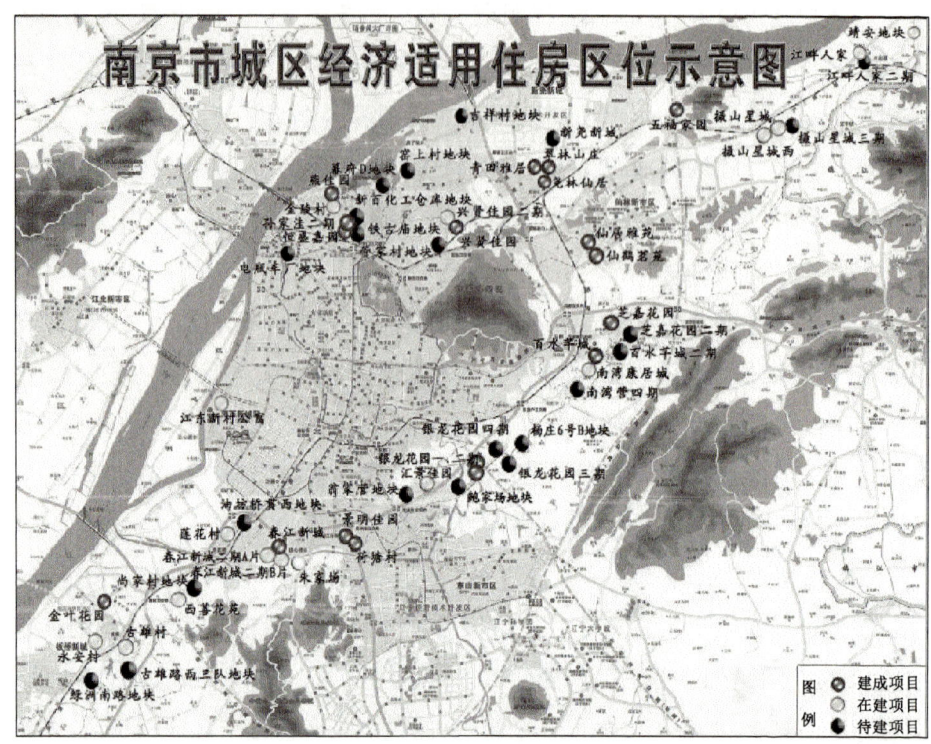

图 4-3　南京市经济适用住房区位示意图(2010 年)

图 4-3　高清彩图

4.1.3　数据处理与出行链提取程序设计

在获取调查数据后,将对以家庭为单位的调查数据进行计算机录入,形成 Access 基础数据库。通过信息完整性检验和逻辑关系检验进行数据清洗,也就是说录入数据库的问卷中个人家庭信息、出行信息等必须填写完整,填写不完整的样本予以剔除;以及个人家庭属性中私人交通工具拥有情况需与选择的交通方式匹配,否则予以剔除。同时综合运用 Access 自身的数据查询、处理功能和其他的程序提取活动参与和出行链信息,编写 Java 程序完成相应的数据分析。依据数据库中每次出行的出发、到达时间计算出活动参与时间和出行链时间;依据数据库中的出行次数得到不同类型的出行链个数;根据个人编码和家庭编码将个体的活动—出行特征与家庭和个人属性匹配。在对调查数据进行校核、修复的基础上,借助Java程序对个体一日多次出行按照出行次序进行连接,从而形成完整的出行链,由此每个个体对应一条包含个人属性、家庭属性、个人活动参与和出行特征的记录,可以实现对出行链统计特征指标的处理和分析。

4.2 数据描述性统计

4.2.1 确定研究对象

本书研究采用国际经济合作与发展组织(OECD)提出的国际贫困线标准来界定低收入人群:以一个国家或地区社会人均可支配收入的50%~60%作为这个国家或地区的贫困线。已有研究[72]表明该标准可作为我国城市低收入界定的参考指标。因此,南京市(2010年)和抚顺市(2014年)的低收入标准分别为19 940~23 988元/人、12 517~15 021元/人。因居民出行调查无法采集到详细的个人收入信息,依据家庭规模和家庭年总收入对低收入人群进行相对划分。基于居民出行调查数据的南京市和抚顺市低收入人群划分具体如表4-4所示。

表4-4 南京市、抚顺市低收入人群界定标准

城市名称	南京市		抚顺市	
OECD标准	19 940~23 988元/人		12 517~15 021元/人	
	家庭年总收入	家庭规模	家庭年总收入	家庭规模
本书研究界定	<1万元	—	<2万元	—
	1万~2万元	—	2万~4万元	3人及以上
	2万~5万元	2人及以上	4万~6万元	4人及以上
	5万~10万元	4人及以上	6万~10万元	6人及以上

选取具有通勤活动的人群进行重点分析,最终确定的研究对象构成如表4-5所示。可以看出,南京市低收入人群在各个职业属性中分布比例相当,抚顺市低收入人群主要由学生和工人构成,比例分别为54.2%和22.0%。

表 4-5　南京市、抚顺市低收入人群样本构成

城市名称		南京市			抚顺市		
样本数量	个体数	610			12 215		
	家庭数	164			6 771		
样本构成		职业	样本量	比例	职业	样本量	比例
		学生	138	22.5%	学生	6 619	54.2%
		工人	140	23.0%	工人	2 683	22.0%
		服务人员	134	22.0%	公务员及事业单位	631	5.1%
		职员、公务员	125	20.5%	公司职员	911	7.5%
		私营及个体劳动者	73	12.0%	私营及个体劳动者	1 371	11.2%
合计		—	610	100%	—	12 215	100%

4.2.2　家庭属性特征

由表 4-6 可以发现，低收入人群的家庭规模较大，南京和抚顺的低收入家庭规模分别为 3.29 人/家庭和 3.07 人/家庭，而非低收入家庭则分别为 3.00 人/家庭和 2.85 人/家庭。低收入家庭和非低收入家庭的自行车拥有率、电动车拥有率和摩托车拥有率没有显著差异，但低收入家庭拥有的电动车数量和摩托车数量偏高，如南京市低收入家庭电动车拥有率 1.01 辆/家庭，非低收入家庭 0.94 辆/家庭，抚顺市低收入家庭摩托车拥有率 0.13 辆/家庭，非低收入家庭 0.10 辆/家庭。存在显著差异的是小汽车拥有水平：非低收入家庭的小汽车拥有率显著高于低收入家庭，南京的数据为 0.72 辆/家庭 vs. 0.37 辆/家庭，抚顺的数据为 0.54 辆/家庭 vs. 0.22 辆/家庭。

表 4-6　低收入人群的家庭属性特征

属性	描述	南京市		抚顺市	
		低收入 ($N=164$)	非低收入 ($N=831$)	低收入 ($N=6\,771$)	非低收入 ($N=7\,212$)
家庭规模	3 人及以下	65.9%	89.7%	82.1%	93.3%
	3 人以上	34.1%	10.3%	17.9%	6.7%
	均值(人/家庭)	3.29	3.00	3.07	2.85

续 表

属性	描述	南京市		抚顺市	
		低收入 (N=164)	非低收入 (N=831)	低收入 (N=6 771)	非低收入 (N=7 212)
自行车拥有率	没有	32.9%	33.7%	56.9%	56.1%
	1辆	48.8%	45.5%	33.8%	34.0%
	2辆及以上	18.3%	20.8%	9.3%	9.9%
	均值(辆/家庭)	0.89	0.92	0.54	0.56
电动车拥有率	没有	26.8%	26.4%	90.4%	91.8%
	1辆	45.7%	55.2%	8.7%	7.2%
	2辆及以上	27.5%	18.4%	0.9%	1.0%
	均值(辆/家庭)	1.01	0.94	0.11	0.09
摩托车拥有率	没有	95.7%	92.9%	88.4%	91.7%
	1辆	2.4%	6.9%	10.7%	7.3%
	2辆及以上	1.9%	0.2%	0.9%	1.0%
	均值(辆/家庭)	0.07	0.07	0.13	0.10
小汽车拥有率	没有	64.6%	34.8%	75.9%	52.6%
	1辆	33.5%	58.6%	18.6%	41.7%
	2辆及以上	1.9%	6.6%	5.5%	5.7%
	均值(辆/家庭)	0.37	0.72	0.22	0.54

4.2.3 个人属性特征

表4-7给出了低收入人群的个人属性特征。南京市和抚顺市的低收入样本中男女比例相当,南京市的比例是51.8% vs. 48.2%,抚顺市的比例是51.1% vs. 48.9%。低收入人群的驾照拥有率明显低于非低收入人群,在抚顺市的样本数据中,仅有19.4%的低收入人群拥有驾照。非低收入样本的公交卡持有水平也高于低收入样本。从受教育程度分布可以看出,低收入人群的受教育水平较低,抚顺市54.5%低收入人群的受教育水平在初中及其以下。

表 4-7　低收入人群的个人属性特征

属性	描述	南京市		抚顺市	
		低收入 ($N=610$)	非低收入 ($N=2\,550$)	低收入 ($N=12\,215$)	非低收入 ($N=16\,037$)
性别	男	51.8%	53.8%	51.1%	51.3%
	女	48.2%	46.2%	48.9%	48.7%
驾照 拥有率	没有	67.4%	46.7%	80.6%	64.2%
	有	32.6%	53.3%	19.4%	35.8%
公交卡 拥有率	没有	24.3%	17.4%	61.0%	58.4%
	有	75.7%	82.6%	39.0%	41.6%
年龄	24 岁及以下	25.8%	24.3%	54.7%	43.2%
	25~49 岁	60.7%	63.8%	43.1%	55.4%
	50 岁及以上	13.5%	11.9%	2.2%	1.4%
受教育 程度	初中及以下	26.2%	17.5%	54.5%	38.6%
	高中及中专	33.4%	24.4%	33.5%	29.7%
	大专、本科及以上	40.4%	58.1%	12.0%	31.7%

第 5 章 ｜ 城市低收入人群出行方式特征

5.1 整体分布特征

南京市和抚顺市的居民出行调查对出行方式的划分有所不同，为了便于对比，本书研究对调查中的方式进行重新划分，分为 5 种出行方式，分别为步行、自行车、电动车、公共交通和小汽车，如表 5-1 所示。

表 5-1 出行方式分类说明

分类	南京市	抚顺市
步行	步行	步行
自行车	自行车	自驾自行车、搭乘自行车
电动车	电动车、助力车	自驾电动车、搭乘电动车
公共交通	公共汽车、地铁、单位班车或小区巴士	公交车、单位班车
小汽车	私人小汽车、出租车	自驾小汽车、搭乘小汽车、出租车、单位小汽车

南京市和抚顺市低收入人群和非低收入人群的出行方式选择分布如表 5-2 所示。需要指出的是，抚顺市位于我国东北地区，受气候和地形地貌的限制（天气冷、风大，城市道路坡度大），自行车和电动车的出行比例较低（不到 5%），远低于南京市的比例。

表 5-2 出行方式选择总体分布表

城市	群体	步行	自行车	电动车	公共交通	小汽车
南京市	低收入	21.6%	18.3%	29.0%	20.4%	10.7%
	非低收入	19.7%	13.6%	24.0%	16.4%	26.3%
抚顺市	低收入	42.1%	3.8%	4.9%	33.8%	15.4%
	非低收入	33.9%	2.5%	2.3%	27.5%	33.8%

低收入者和非低收入者出行方式选择有着显著差异,尤其表现在机动化出行方式上。低收入人群机动化出行方式主要依靠公共交通,而非低收入者主要依靠小汽车,如南京低收入样本中10.7%选择小汽车,非低收入26.3%选择小汽车,抚顺样本中低收入与非低收入的小汽车出行则为15.4%比33.8%。此外,低收入人群在步行、自行车、电动车和公共交通的出行比例都高于非低收入人群,说明低收入人群主要选择低成本、廉价的出行方式。

5.2 基于单次出行的出行方式选择特征

5.2.1 不同出行时耗下的出行方式选择特征

从上文的对比中可以看出,低收入人群主要考虑低成本的交通方式出行,本节以抚顺市的数据为例,进一步分析在不同出行时耗下低收入人群与非低收入人群出行方式选择的差异,结果如表5-3所示。

表5-3 不同出行时耗下的出行方式选择对比

出行时耗	群体	步行	自行车	电动车	公共交通	小汽车
0~10 min	低收入	72.8%	3.7%	5.2%	6.3%	12.0%
	非低收入	65.0%	2.6%	2.6%	4.2%	25.6%
11~20 min	低收入	51.4%	4.8%	6.3%	20.7%	16.8%
	非低收入	37.6%	2.9%	2.8%	17.0%	39.7%
21~30 min	低收入	26.8%	4.6%	5.3%	43.7%	19.6%
	非低收入	18.7%	3.0%	2.2%	36.0%	40.1%
31~40 min	低收入	15.9%	2.3%	2.5%	63.9%	15.4%
	非低收入	9.7%	1.5%	1.2%	55.9%	31.7%
40 min 以上	低收入	12.6%	1.9%	2.6%	70.7%	12.2%
	非低收入	10.2%	1.5%	2.0%	60.0%	26.3%

对于短时耗(出行时间在10 min以内)和长时耗(出行时间大于30 min)的出行,低收入人群和非低收入人群表现的差异不大,短时耗以步行等慢行交通

为主,长时耗以公共交通和小汽车等机动化交通方式为主。出行方式选择差异较大的表现在中等时耗出行(11~30 min)上,在该出行时间范围内,低收入人群以步行和公共交通为主,而非低收入人群则以小汽车和公共交通为主。如在21~30 min 出行时间段内,低收入人群选择步行和公共交通的比例为70.5%,非低收入人群选择公共交通和小汽车的比例为76.1%。

将出行方式比例按出行时耗的变化作趋势图,结果如图5-1所示,其中非机动化出行方式指步行、自行车和电动车,机动化出行方式指公共交通和小汽车。可以看出在各个出行时耗范围内,低收入人群的机动化出行比例都低于非低收入人群。在出行时间为21~30 min 时,低收入人群机动化出行比例幅度增加显著,增幅高于非低收入人群,具体增幅为低收入人群增加25.7%,非低收入者增加19.4%。

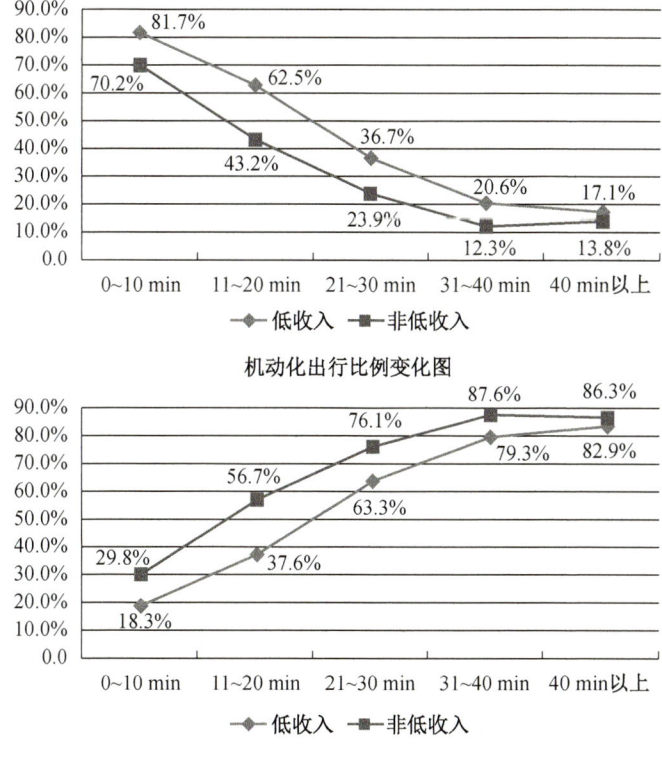

图5-1　出行方式比例随出行时耗变化图

5.2.2 不同出行目的下的出行方式选择特征

本书将出行目的分为生存型活动、维持型活动和休闲型活动。在抚顺市居民出行调查中,生存型活动包括上班、上学、公务;维持型活动包括购物、餐饮、接送他人、看病、探病;休闲型活动包括社交娱乐和其他。

表5-4给出了不同出行目的下低收入者和非低收入者出行方式选择的对比情况。可以发现,无论是低收入者还是非低收入者,进行生存型活动较多采用的机动化出行方式为公共交通;进行维持型和休闲型活动,较多采用的机动化出行方式为小汽车。不论何种出行目的,低收入人群的小汽车出行比例均低于非低收入人群,尤其是在维持型活动中,低收入者的小汽车出行比例为23.1%,非低收入者的比例为43.6%,相差20.5%。低收入人群在各种活动下主要的机动化出行方式是公共交通,在生存型活动中的比例最高,为36.3%。因此,解决低收入人群出行机动化的问题应重点放在公共交通上。

表5-4 不同出行目的下的出行方式选择对比

出行目的	群体	步行	自行车	电动车	公共交通	小汽车
生存型活动	低收入	40.7%	3.8%	4.8%	36.3%	14.4%
	非低收入	31.9%	2.7%	2.4%	30.8%	32.2%
维持型活动	低收入	45.5%	4.3%	5.1%	22.0%	23.1%
	非低收入	36.8%	2.4%	2.2%	15.0%	43.6%
休闲型活动	低收入	44.8%	3.3%	6.4%	24.1%	21.5%
	非低收入	37.9%	2.2%	3.9%	17.9%	38.1%

5.3 基于出行链的出行方式选择特征

出行链定义为出行者从家出发,经过一系列的活动后,最终又返回家的过程。人群个体一天进行多次出行,这些出行构成出行链,多次出行之间同时存在时空联系和制约。个体在全天多次出行前都要进行出行方式选择,对应得到每次出行的方式选择结果。本节以抚顺市的样本为例,对低收入人群全天出行方式链特征进行分析,试图对比低收入群体与非低收入群体的差异。

5.3.1 出行方式选择连续性

出行方式选择连续性是指一天内个体全天出行方式选择结果的一致性,表明一天中所有出行都使用一种交通方式而不进行方式转换的可能性。本节出行方式选择连续性的计算方法以步行交通为例进行说明。步行交通方式选择连续性的计算方法为:在所有人群个体样本中,全天所有出行均使用步行交通方式的个体数与使用了步行交通方式的个体数的比值。低收入人群和非低收入人群交通方式选择连续性见表5-5。

表5-5 出行方式选择连续性对比

群体	出行方式选择连续性				
	步行	自行车	电动车	公共交通	小汽车
低收入人群($N=10\ 370$)	76.7%	61.4%	63.7%	75.4%	63.9%
非低收入人群($N=12\ 455$)	63.3%	55.6%	46.9%	63.7%	67.5%
对比(差值)	13.4%	5.8%	16.8%	11.7%	−3.6%

出行方式选择的连续性呈现以下特征:

(1) 12 215个低收入样本中有10 370个体全天使用同一种交通方式出行,占比84.9%,16 037个非低收入样本中有12 455个体全天使用同一种交通方式出行,占比77.7%,表明大部分人群全天的出行方式选择保持一致性,较少进行方式转换。

(2) 低收入人群个体中,步行和公共交通两种出行方式的选择连续性为75%以上,相对高于其他出行方式。而非低收入人群中,连续性较高的是小汽车,比例为67.5%。说明低收入者全天出行中都使用步行和公共交通的频率较高,非低收入者都使用小汽车的频率较高。

(3) 低收入人群使用步行、自行车、电动车和公共交通的连续性均高于非低收入人群。可以理解为低收入者在全天的出行方式选择时较少进行方式转换,即全天使用同一种交通方式出行。也间接体现了低收入人群可选择的出行方式少,出行机动性不高的特征。

(4) 在各种交通方式中,自行车和电动车的选择连续性较低,体现了自行车和电动车在居民出行中起到补给作用,自行车和电动车的使用较为灵活。非低收入人群的电动车使用连续性最低,比例为46.9%,说明非低收入人群在全天的出行中更多地采用"电动车+其他方式"混合的交通方式。

5.3.2 出行方式选择转换性

一天的出行中,个体进行出行方式的选择是为了获取最大的出行效用。出行者混合使用多种交通工具从而实现效用最大化。出行方式选择连续性描述了个体出行使用同一种交通方式的可能性,引入出行方式选择转换性来描述具体某种交通方式和其他特定交通方式结合使用的可能性。出行方式转换性的计算方法仍以步行交通为例。步行交通对自行车方式的转换性计算为:所有全天出行中使用了两种及以上交通方式且其中一种为步行交通方式的个体中,同时也使用自行车个体所占的比例。表5-6以低收入人群公共交通方式为例进一步阐述交通方式选择转换性的含义。

表5-6 低收入人群公共交通方式出行转换性

群体	公共交通对应转换性			
	步行	自行车	电动车	小汽车
低收入人群	60.9%	3.4%	5.8%	30.0%

从表5-6看出,低收入人群公共交通方式与步行间的转换比例最高,有60.9%的情况公共交通与步行方式相互转换,其次是小汽车,比例为30%。可以解释为:公共交通和步行方式相互补给,可以满足居民近距离出行和远距离出行相结合的需求,同时又是最经济的出行搭配方式。公共交通与小汽车相互转换表明两者结合能较好地满足居民生存型活动出行和非生存型活动出行的

需求,低收入人群生存型活动较多使用公共交通,非生存型活动较多使用小汽车,抚顺市低收入人群从事非生存型活动(维持型和休闲型)时使用小汽车的比例占44.6%(见表5-4)。

表5-7列出了人群各种出行方式转换性的排序,图5-2给出了出行者全天使用交通工具的种类。对表5-7和图5-2进行总结,可以得到出行方式转换性有如下特点:

(1)总体上说,非低收入人群更多地在全天出行中进行方式转换,转换比例为22.3%,体现了非低收入人群出行较为灵活,可选择的交通方式多,机动性强。

(2)低收入人群和非低收入人群在方式转换类型上大体呈现的规律一致,说明不同收入群体的出行方式结合使用的习惯具有相似性。

(3)不同收入群体全天出行基本只使用两种交通方式,比重在90%以上。非低收入人群使用2种以上出行方式的比例稍高于低收入人群,非低收入人群的比例为8.92%,低收入人群的比例为7.10%。

表5-7 各种出行方式选择转换性排序

说明:低收入人群全天出行进行方式转换的比例为15.1%;
非低收入人群全天出行进行方式转换的比例为22.3%

方式	群体	第一位	第二位	第三位	第四位
步行	低收入	公交(55.0%)	小汽车(26.0%)	电动车(10.3%)	自行车(8.7%)
	非低收入	公交(48.6%)	小汽车(41.4%)	电动车(5.2%)	自行车(4.8%)
自行车	低收入	步行(53.1%)	小汽车(18.9%)	公交(18.5%)	电动车(9.5%)
	非低收入	步行(45.6%)	小汽车(25.4%)	公交(18.6%)	电动车(10.4%)
电动车	低收入	步行(48.7%)	公交(24.7%)	小汽车(19.2%)	自行车(7.4%)
	非低收入	步行(39.4%)	小汽车(30.0%)	公交(22.3%)	自行车(8.3%)
公共交通	低收入	步行(60.8%)	小汽车(30.0%)	电动车(5.8%)	自行车(3.4%)
	非低收入	步行(56.6%)	小汽车(37.8%)	电动车(3.4%)	自行车(2.2%)
小汽车	低收入	公交(45.0%)	步行(43.2%)	电动车(6.6%)	自行车(5.2%)
	非低收入	步行(51.5%)	公交(40.3%)	电动车(4.9%)	自行车(3.3%)

注:"公交"是"公共交通"的简称。

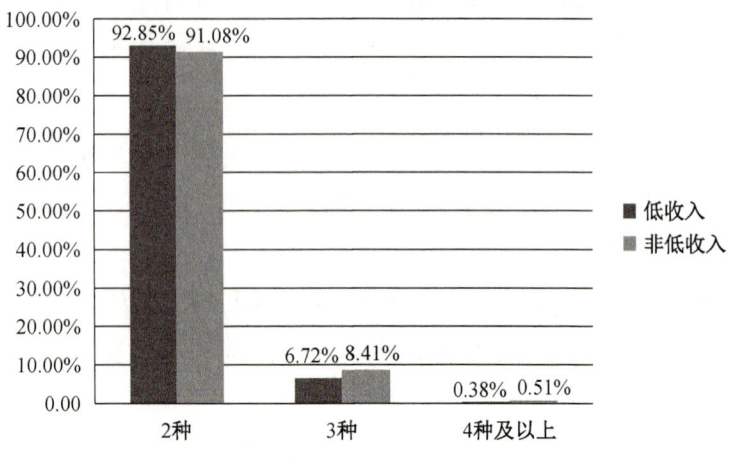

图 5-2　全天出行使用交通方式种类的对比图

（4）步行方式出行的灵活性和不依赖任何交通工具的特性，以及在我国现阶段的较高居民出行方式选择分担率，使其成为最容易与其他交通方式转换的方式，大部分情况列在与其他交通方式转换对象第一位。自行车在抚顺市的出行分担率较低，全方式分担率为 3.8%，不易与其他方式进行转换。

5.4　出行方式选择与居民属性的相关关系

以抚顺市的样本为例，对比不同居民属性（包括家庭属性、个人属性、活动属性）下低收入人群出行方式特征的差异，同时分析居民属性与出行链特征的关系。

5.4.1　不同家庭属性下出行特征的差异

（1）家庭规模

表 5-8 统计了不同家庭规模低收入家庭的交通方式使用次数特征。总出行次数表示个体全天出行的总次数，使用次数表示个体全天出行使用某种交通工具的频率。

表 5-8　不同家庭规模下出行特征的差异

家庭规模	总出行次数	步行	自行车	电动车	公共交通	小汽车
≤3 人	2.30	0.97	0.09	0.11	0.81	0.32
>3 人	2.34	0.96	0.07	0.16	0.66	0.49

可以看出,不同家庭规模在总出行次数,以及步行、自行车和电动车的使用频率上差别不大,但是对公共交通和小汽车的使用具有一定差异。当家庭规模较大时(3 人以上),人均使用公共交通的频率明显减少,使用小汽车的频率增加。这是因为当家庭规模较大时,接送他人、生活购物等家庭事务增多,小汽车出行具有机动性强和灵活性高的特征,使其被使用频率增多。同时当家庭成员增加时,家庭集体活动下使用小汽车的概率也会增加。

(2) 交通工具拥有水平

表 5-9 给出了不同低收入家庭交通工具拥有水平下人群出行特征的差异。可以发现,当某种交通工具拥有水平增加时,出行者总体出行次数会增加,而且使用该交通方式的频率会明显增加。如当自行车拥有量分别为 0 辆、1 辆、2 辆以上时使用自行车的次数为 0.03 次、0.14 次、0.26 次;当电动车拥有量分别为 0 辆、1 辆、2 辆以上时,出行者使用电动车的次数为 0.08 次、0.44 次、0.46 次;当小汽车拥有量分别为 0 辆、1 辆、2 辆以上时,出行者使用小汽车的次数为 0.16 次、0.99 次、1.25 次,均呈现依次增加的趋势。这表明增加交通方式的供给会提高出行机动性。

在不同自行车拥有水平下,步行、小汽车的使用相差不大,但电动车和公共交通的使用有一定差异。当自行车拥有量增加时,电动车使用频率随之增多,这是因为自行车拥有率高的家庭电动车拥有水平也较高(自行车和电动车拥有量之间的斯皮尔曼级序相关系数为 $r=0.127$,显著性检验 Sig.$=0.000$,具有强相关性)。自行车拥有率增加时,公共交通的使用频率随之降低,这是因为自行车更具经济性和灵活性,人群在中短途距离的出行时倾向选择自行车。

电动车拥有量增加时,步行频率会随之减少。因为电动车更加省时省力,承担了很多短途出行。自行车的使用频率随电动车拥有水平的增加而增加,这与上文的分析保持一致。公共交通使用频率与电动车拥有率之间也有一定相关,呈现先降低再增加的趋势。

表 5-9 不同家庭交通工具拥有水平下出行特征的差异

不同自行车拥有水平下出行特征的差异						
拥有水平	总出行次数	步行	自行车	电动车	公共交通	小汽车
0 辆	2.28	0.98	0.03	0.09	0.82	0.36
1 辆	2.33	0.97	0.14	0.14	0.74	0.34
2 辆及以上	2.39	0.90	0.26	0.17	0.69	0.37
不同电动车拥有水平下出行特征的差异						
拥有水平	总出行次数	步行	自行车	电动车	公共交通	小汽车
0 辆	2.30	0.98	0.09	0.08	0.79	0.36
1 辆	2.34	0.86	0.09	0.44	0.61	0.34
2 辆及以上	2.60	0.85	0.15	0.46	0.79	0.35
不同小汽车拥有水平下出行特征的差异						
拥有水平	总出行次数	步行	自行车	电动车	公共交通	小汽车
0 辆	2.28	1.04	0.09	0.13	0.86	0.16
1 辆	2.40	0.76	0.07	0.07	0.51	0.99
2 辆及以上	2.42	0.58	0.07	0.05	0.47	1.25

小汽车拥有量对其他交通方式的影响呈现一致性,即随着小汽车拥有水平的提高,步行、自行车、电动车和公共交通的使用频率都会降低。这表明当低收入家庭小汽车拥有率增加时,比较明显倾向于小汽车出行,而减少对其他方式的使用。

5.4.2 不同个人属性下出行特征的差异

(1) 性别

表 5-10 给出了低收入人群中不同性别的出行特征。不同性别总体出行次数差异不明显。但女性出行者的步行和公共交通使用频率要大于男性,而自行车、电动车和小汽车的使用频率低于男性。这是因为男性一般负责家庭生计,赚钱养家,因此电动车和小汽车等灵活性的交通方式更多由男性使用。

表 5-10　不同性别间出行特征的差异

性别	总出行次数	步行	自行车	电动车	公共交通	小汽车
女	2.30	1.07	0.05	0.09	0.80	0.29
男	2.31	0.88	0.12	0.13	0.75	0.43

（2）职业

表 5-11 统计了低收入人群不同职业属性的出行特征。总体来看，学生和工人因出行需求较为固定，主要为上学和上班，因此总出行次数偏少。而私营及个体劳动者因出行需求多变，总体出行次数最高。

不同职业间出行方式使用存在显著差异。学生以步行为主要的出行方式，这是因为学生一般就近入学，通勤距离近，步行可以满足需求。工人和公司职员将公共交通作为主要通勤方式，这部分人群的收入水平相对低，出行时间相对固定，因此更愿意选择费用低廉的公共交通方式。而公务员及事业单位人员、私营及个体劳动者群体收入水平稍高，且出行需求灵活多样（公务活动、进出货等），因此更多地选择小汽车出行。

表 5-11　不同职业出行特征的差异

职业	总出行次数	步行	自行车	电动车	公共交通	小汽车
学生	2.15	1.21	0.03	0.08	0.60	0.23
工人	2.38	0.61	0.21	0.16	1.10	0.30
公司职员	2.54	0.64	0.09	0.08	1.17	0.56
公务员及事业单位	2.43	0.63	0.07	0.07	0.83	0.83
私营及个体劳动者	2.71	0.87	0.11	0.22	0.73	0.78

（3）驾照与公交卡拥有

表 5-12 和表 5-13 分别给出了低收入人群不同驾照拥有水平和公交卡拥有水平下出行特征的差异。持有驾照的人群全天总出行次数会增多，而公交卡是否持有对总体出行强度没有显著关系。显然持有驾照的出行者选择小汽车出行的概率更大，选择步行的概率明显降低。公交卡持有者使用公共交通的频率也明显增加，步行和小汽车使用频率降低，这是因为持有公交卡在抚顺市享

受乘车票价优惠,低收入人群对价格比较敏感,因此能吸引更多的人选择公交出行。这点给了我们很好的启示,在解决低收入人群的公交出行问题时,可以首先提高他们的公交卡拥有水平,如办卡优惠等。

表 5-12　不同驾照拥有水平下出行特征的差异

驾照拥有水平	总出行次数	步行	自行车	电动车	公共交通	小汽车
无驾照	2.23	1.07	0.08	0.10	0.78	0.20
有驾照	2.60	0.55	0.10	0.16	0.79	1.00

表 5-13　不同公交卡拥有水平下出行特征的差异

公交卡拥有水平	总出行次数	步行	自行车	电动车	公共交通	小汽车
无公交卡	2.30	1.17	0.10	0.14	0.47	0.42
有公交卡	2.31	0.66	0.06	0.06	1.27	0.26

(4) 年龄

表 5-14 给出了低收入人群不同年龄段的出行特征。25～49 岁年龄段的出行者全天出行强度最大,这是因为这部分群体每天承担较多的维持型和休闲型活动。此外,不同年龄段的出行者出行方式使用呈现差异性。24 岁以下出行者以步行和公共交通为主要出行方式,这是因为该群体以学生为主。25～49 岁年龄段步行频率减少,但自行车、电动车、公共交通和小汽车的使用频率增加。该年龄段的人群出行活动目的多样,出行距离较长,因此会选择更为灵活,且适合长距离出行的非步行交通方式。50 岁及以上人群出行以步行和公共交通为主。

表 5-14　不同年龄段出行特征的差异

年龄	总出行次数	步行	自行车	电动车	公共交通	小汽车
24 岁及以下	2.15	1.21	0.03	0.08	0.60	0.23
25～49 岁	2.50	0.68	0.15	0.15	0.99	0.53
50 岁及以上	2.30	0.73	0.17	0.17	0.93	0.30

(5) 受教育程度

受教育程度表征了居民的文化属性,文化属性对低收入人群出行的影响主要来自于两个方面：一是不同文化水平的低收入人群对生活质量的要求不同，因而在出行方式的选择上会产生差异；二是不同文化水平的低收入人群对生活时间利用的分配与规划方面存在差异，对出行效率的要求会有所区别，从而对出行方式的选择产生一定的影响。表 5-15 统计了不同受教育程度下低收入人群出行特征的差异。比较明显，随着受教育水平的提高，总体出行次数更多，步行出行频率下降，小汽车使用频率明显增多。这是因为随着受教育程度的增加，人群对出行效率的要求也会增加，这部分人收入水平也较高，因此会更倾向于小汽车出行。

表 5-15　不同受教育程度下出行特征的差异

受教育程度	总出行次数	步行	自行车	电动车	公共交通	小汽车
初中及以下	2.22	1.21	0.07	0.14	0.53	0.27
高中及中专	2.36	0.71	0.10	0.09	1.09	0.37
大专、本科及以上	2.52	0.59	0.11	0.05	1.04	0.73

5.4.3　不同活动属性下出行特征的差异

（1）出行目的

上文将出行目的分为生存型活动、维持型活动和休闲型活动。表 5-16 给出了低收入人群不同出行目的下出行方式选择情况。可以发现，机动化出行方式，如公共交通和小汽车，在不同出行目的下的差异选择比较大。统计学检验结果也表明出行目的与出行方式选择有较强的相关性，显著水平 Sig.＝0.000。出行者进行生存型活动较多采用公共交通，从事维持型和休闲型活动，较多采用小汽车。

表 5-16　不同出行目的下出行特征的差异

出行目的	步行	自行车	电动车	公共交通	小汽车	统计学检验
生存型活动	40.7%	3.8%	4.8%	36.3%	14.4%	Pearson χ^2 =271.52 Sig.＝0.000
维持型活动	45.5%	4.2%	5.2%	22.0%	23.1%	
休闲型活动	44.8%	3.3%	6.3%	24.1%	21.5%	
总体比例	41.7%	3.9%	4.9%	33.4%	16.1%	—

(2) 出行链个数

表 5-17 统计了低收入人群不同出行链个数下出行特征的差异。可以发现,当出行链个数增加时,人群选择各种交通方式的频率都会增加。这比较容易理解,因为当出行链个数增加,意味着出行者的出行次数增加,交通方式的使用频率亦会随着增多。增加趋势显著的是灵活度高的交通方式,如步行、自行车、电动车和小汽车,这是由于当出行者需要频繁往返于家和其他场所时,更加倾向选择方便的出行方式。公共交通受固定线路、固定时刻表的限制,不易于在全天组织多次出行链。

表 5-17 不同出行链个数下出行特征的差异

出行链个数	总出行次数	步行	自行车	电动车	公共交通	小汽车
1 个	2.18	0.88	0.08	0.11	0.77	0.34
2 个	4.30	2.34	0.27	0.19	0.81	0.69
3 个及以上	6.44	3.80	0.48	0.30	0.96	0.90

(3) 出行时耗

表 5-18 和图 5-3 反映了低收入人群不同出行时耗时出行特征的差异。这里的出行时耗是指人群全天所有出行的出行时耗之和。可以看出,随着全天出行时耗的增加,出行者总体出行次数增多,使用步行的频率显著降低,而使用公共交通和小汽车的频率增加。这是由于出行时耗和出行距离有着正相关性,出行时耗长意味着总体出行距离长,因此机动化的出行方式被选择的概率增加。

表 5-18 不同出行时耗下出行特征的差异

出行时耗	总出行次数	步行	自行车	电动车	公共交通	小汽车
0~30 min	2.06	1.57	0.06	0.11	0.13	0.19
31~60 min	2.19	0.91	0.12	0.13	0.67	0.36
61~90 min	2.45	0.65	0.09	0.08	1.19	0.44
91~120 min	2.56	0.51	0.07	0.09	1.45	0.44
120 min 以上	2.99	0.64	0.07	0.13	1.58	0.57

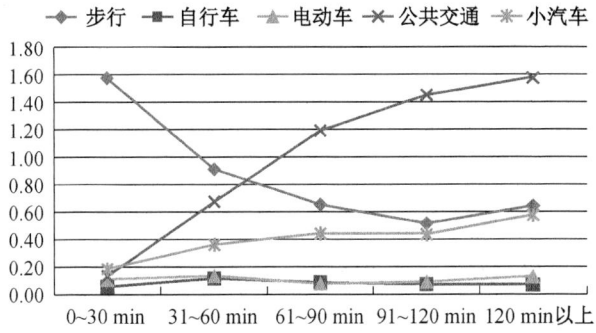

图 5-3　不同出行时耗下出行特征的差异

（4）生存型活动时耗

生存型活动是指上班、上学和公务出行。表 5-19 和图 5-4 反映了低收入人群不同生存型时耗下出行特征的差异。可以发现，当生存型活动时耗增加时，步行的使用频率降低，而其他交通方式的选择频率差异不大。人群总出行次数随着生存型活动时耗的增加而降低，这是因为个体每天可供使用的时间是一定的（每人每天 24 小时），当生存型活动时耗使用较多时，维持型活动和休闲型活动发生的概率自然减少，从而引起总体出行次数减少。

表 5-19　不同生存型活动时耗下出行特征的差异

生存型活动时耗	总出行次数	步行	自行车	电动车	公共交通	小汽车
0~8 h	2.56	1.26	0.08	0.14	0.67	0.41
8~10 h	2.21	0.81	0.11	0.10	0.87	0.32
10~12 h	2.06	0.82	0.06	0.11	0.73	0.34
12 h 以上	2.17	0.89	0.06	0.07	0.74	0.41

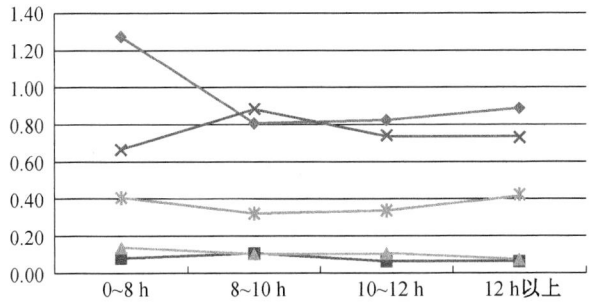

图 5-4　不同生存型活动时耗下出行特征的差异

5.4.4 居民属性与出行链特征的关系

(1) 优势比统计的定义

优势比(Odds Ratio, OR)统计是一种描述性统计方法。优势比又称比值比或交叉乘积比,是某事件在一个群体内发生概率与不发生概率之比与该事件在另一个群体内发生概率与不发生概率之比的比值。

例如:如果定义第一组的发生出行方式转换的概率为 p_1,而第二组的发生出行方式转换的概率为 p_2,则优势比统计量可用公式表示:

$$OR = \frac{p_1/(1-p_1)}{p_2/(1-p_2)} = \frac{p_1/q_1}{p_2/q_2} = \frac{p_1 q_2}{p_2 q_1} \tag{5-1}$$

其中,$q_1 = 1 - p_1$,$q_2 = 1 - p_2$。对于第一组 vs. 第二组(参照组),如果优势比等于1,表示两组出行者发生交通方式转换的概率相等;如果优势比大于1,表示第一组出行者发生方式转换的概率更高;相反如果优势比小于1,表示第一组出行者发生方式转换的概率较低。

优势比也可定义为两个二元随机变量的联合概率分布。如果在列联表中样本观测值为:

	Y=1	Y=0
X=1	n_{11}	n_{10}
X=0	n_{01}	n_{00}

那么,二元随机变量 X 和 Y 的联合概率分布可以写成:

	Y=1	Y=0
X=1	p_{11}	p_{10}
X=0	p_{01}	p_{00}

其中 $p_{ij} = n_{ij}/n$,$n = n_{11} + n_{10} + n_{01} + n_{00}$。对于 $X=1$ 和 $X=0$ 定义的两个分组样本,Y 的优势即定义为 X 的条件概率:

	$Y=1$	$Y=0$
$X=1$	$p_{11}/(p_{11}+p_{10})$	$p_{10}/(p_{11}+p_{10})$
$X=0$	$p_{01}/(p_{01}+p_{00})$	$p_{00}/(p_{01}+p_{00})$

优势比统计量则可以用如下公式表示：

$$OR = \frac{p_{11}/(p_{11}+p_{10})}{p_{10}/(p_{11}+p_{10})} \Big/ \frac{p_{01}/(p_{01}+p_{00})}{p_{00}/(p_{01}+p_{00})} = \frac{p_{11}\,p_{00}}{p_{10}\,p_{01}} \quad (5-2)$$

优势比的95%置信区间（Confidence Interval, CI）计算如下：

$$95\%CI = EXP(L \pm 1.96SE) \quad (5-3)$$

其中，$L = \ln(\frac{p_{11}\,p_{00}}{p_{10}\,p_{01}})$，$SE = \sqrt{\frac{1}{n_{11}}+\frac{1}{n_{10}}+\frac{1}{n_{01}}+\frac{1}{n_{00}}}$。当置信水平均在1的右侧或均在1的左侧时，则表明$Y$事件在两组之间发生的概率显著差异。

（2）优势比统计结果

出行方式是否发生转换是出行方式链特征的主要分析指标。出行方式转换表示全天出行使用两种或两种以上交通工具的个体样本比例。对家庭属性、个人属性和活动属性分别进行方式转换的优势比统计，统计结果见表5-20。

表5-20 居民属性与出行方式转换特征的关系

属性	类别	总样本 N	出行方式转换样本 n	（%）	优势比 OR	95% CI
家庭规模	≤3人	9 744	1 452	14.9	1	—
	>3人	2 470	392	15.9	1.077	(0.954, 1.216)
自行车	0辆	6 842	1 000	14.6	1	—
	1辆	4 205	660	15.7	1.088	(0.977, 1.210)
	2辆及以上	1 167	184	15.8	1.094	(0.922, 1.298)
电动车	0辆	11 030	1 642	14.9	1	—
	1辆	1 063	168	15.8	1.073	(0.903, 1.276)
	2辆及以上	121	34	28.1	2.234	(1.498, 3.333)

续 表

属性	类别	总样本 N	出行方式转换样本 n	(%)	优势比 OR	95% CI
小汽车	0 辆	9 457	1 330	14.1	1	—
	1 辆	2 564	479	18.7	1.404	(1.251,1.575)
	2 辆及以上	193	35	18.1	1.354	(0.934,1.961)
性别	女	5 969	945	15.8	1	—
	男	6 245	899	14.4	0.894	(0.810,0.987)
职业	学生	6 618	791	12.0	1	—
	工人	2 683	421	15.7	1.371	(1.207,1.558)
	公务员及事业单位	631	114	18.1	1.624	(1.309,2.016)
	公司职员	911	195	21.4	2.006	(1.684,2.390)
	私营及个体劳动者	1371	323	23.6	2.270	(1.964,2.625)
驾照	无驾照	9 849	1 375	14.0	1	—
	有驾照	2 365	469	19.8	1.524	(1.357,1.712)
公交卡	无公交卡	7 450	994	13.3	1	—
	有公交卡	4 764	850	17.8	1.411	(1.277,1.559)
年龄	24 岁及以下	6 678	805	12.1	1	—
	25～49 岁	5 270	996	18.9	1.700	(1.537,1.881)
	50 岁及以上	266	43	16.2	1.407	(1.007,1.966)
受教育程度	初中及以下	6 652	826	12.4	1	—
	高中及中专	4 090	702	17.2	1.461	(1.310,1.630)
	大专、本科及以上	1 472	316	21.5	1.928	(1.669,2.227)
出行链个数	1 个	11 556	1 571	13.6	1	—
	2 个	608	254	41.8	4.560	(3.849,5.404)
	3 个及以上	50	19	38.0	3.896	(2.195,6.913)
出行时耗	0～30 min	3 091	192	6.2	1	—

续 表

属性	类别	总样本 N	出行方式转换样本 n	(%)	优势比 OR	95% CI
出行时耗	31～60 min	4 749	635	13.4	2.331	(1.970,2.758)
	61～90 min	2 166	453	20.9	3.993	(3.338,4.776)
	91～120 min	1 258	285	22.7	4.423	(3.632,5.385)
	120 min 以上	950	279	29.4	6.278	(5.130,7.684)
生存型活动时耗	0～8 h	4 118	865	21.0	1	—
	8～10 h	5 489	682	12.4	0.534	(0.478,0.595)
	10～12 h	1 976	191	9.7	0.402	(0.341,0.476)
	12 h 以上	631	106	16.8	0.759	(0.608,0.948)

① 家庭规模：家庭规模对低收入人群是否发生交通方式转换无显著影响。（≤3 人 vs. >3 人：$OR=1.077, CI=(0.954,1.216)$）。

② 交通工具拥有水平：自行车拥有量与交通方式转换比例的相关性不大，这也从一定程度上反映了自行车不易与其他交通方式结合使用。电动车拥有量为 1 辆与没有电动车的家庭出行方式是否转换无明显差异（1 辆 vs. 0 辆：$OR=1.073, CI=(0.903,1.276)$），但当电动车拥有量大于 2 辆时，出行者更倾向于发生方式转换（2 辆 vs. 0 辆：$OR=2.234, CI=(1.498,3.333)$）。小汽车拥有量为 1 辆与没有小汽车的家庭出行方式是否转换有明显差异（1 辆 vs. 0 辆：$OR=1.404, CI=(1.251,1.575)$），但当小汽车拥有量大于 2 辆时，出行者方式转换则不呈现显著差异特征（2 辆 vs. 0 辆：$OR=1.354, CI=(0.934,1.961)$）。这是因为当家庭小汽车拥有 1 辆时，家庭成员之间存在小汽车的使用分配，不同成员在不同时段使用小汽车，则产生了方式转换。但当家庭小汽车拥有量较高时，家庭所有成员全天出行均可以使用小汽车，而不采用其他交通方式。

③ 性别：不同性别的方式转换比例存在差异，女性更倾向于对交通方式进行转换，而男性的出行方式更为保持一致（男性 vs. 女性：$OR=0.894, CI=(0.810,0.987)$）。

④ 职业：不同职业属性对于方式转换使用存在显著性差异，学生因为每天

出行目的单一,出行方式也较单一。而工人、公务员及事业单位人员、公司职员、私营及个体劳动者因其多样化的出行需求,交通方式的转换频率也较高。

⑤ 驾照与公交卡拥有:拥有驾照或公交卡的人群在方式选择上的选择集更大,因此也较容易转换交通方式出行(有驾照 vs. 无驾照:$OR=1.524,CI=(1.357,1.712)$;有公交卡 vs. 无公交卡:$OR=1.411,CI=(1.277,1.559))$。

⑥ 年龄:不同年龄段间出行方式转换特征显著差异。25~49 岁年龄段出行者更易发生方式转换,这是因为这部分人群出行目的多样,可选择的交通方式也较多。(25~49 岁 vs. 24 岁及以下:$OR=1.700,CI=(1.537,1.881)$;50 岁及以上 vs. 24 岁及以下:$OR=1.407,CI=(1.007,1.966))$。

⑦ 受教育程度:受教育程度高的人群明显更容易发生方式转换(高中及中专 vs. 初中及以下:$OR=1.461,CI=(1.310,1.630)$;大专、本科及以上 vs. 初中及以下:$OR=1.928,CI=(1.669,2.227))$。

⑧ 出行链个数:出行链个数对人群是否发生交通方式转换有着显著影响,当出行链个数为 2 时,出行者最易发生方式转换。(2 个 vs. 1 个:$OR=4.560,CI=(3.849,5.404)$;3 个及以上 vs. 1 个:$OR=3.896,CI=(2.195,6.913))$。

⑨ 出行时耗:出行方式转换的比例随着出行时耗的增加而增加。(31~60 min vs. 0~30min:$OR=2.331,CI=(1.970,2.758)$;61~90 min vs. 0~30 min:$OR=3.993,CI=(3.338,4.776)$;91~120 min vs. 0~30 min:$OR=4.423,CI=(3.632,5.385)$;120 min 以上 vs. 0~30 min:$OR=6.278,CI=(5.130,7.684))$。这是因为出行时耗增加,意味着发生的出行次数增多,容易发生方式转换。

⑩ 生存型活动时耗:不同生存型活动时耗对应的出行方式转换存在显著差异。当居民生存型活动为 8 小时以内时,发生出行方式转换的概率最高。(8~10 h vs. 0~8 h:$OR=0.534,CI=(0.478,0.595)$;10~12 h vs. 0~8 h:$OR=0.402,CI=(0.341,0.476)$;12 h 以上 vs. 0~8h:$OR=0.759,CI=(0.608,0.948))$。这是因为生存型活动减少时,维持型活动和休闲型活动等弹性出行会较多,因此更容易发生方式转换。

第 6 章 城市低收入人群出行方式选择机理

6.1 概述

通过第五章的研究,我们发现城市低收入人群出行方式特征与非低收入人群相比呈现差异性,其方式选择与自身的家庭和个人属性以及活动属性息息相关。不同出行方式是出行者个体选择的综合结果,从非集计层面分析低收入人群出行方式选择的影响因素,对于理解出行方式选择机理具有重要意义。因此本章从非集计层面将家庭属性、个人属性、活动属性和态度变量引入模型,建立低收入人群的态度—行为模型,以研究个体出行方式选择内在机理。本章主要内容结构关系如图 6-1 所示。

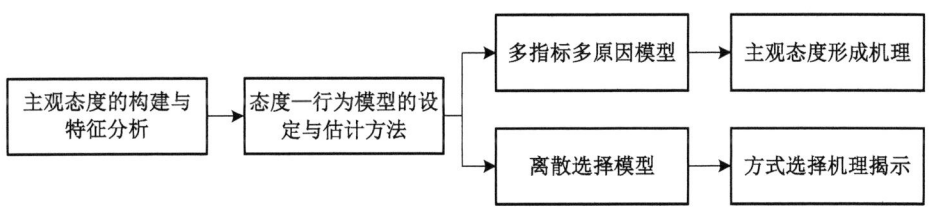

图 6-1 本章主要内容结构关系图

6.2 态度—行为模型的构建

6.2.1 主观态度的获取

(1) 问卷调查

为了分析主观态度潜变量对人群出行方式选择的影响,调查获取用于表征主观态度的指标变量。数据来源于 2014 年抚顺市居民出行意向调查,采用随居民出行调查(详细说明见第四章)一起入户发放的形式,被调查家庭任意成员均可填写意向调查问卷。此次调查共实发表格 19 954 张,回收有效表格 8 585 份,有效率 43.9%。根据第四章中低收入人群的界定标准,获取本研究用于分析的针对低收入人群的有效意向调查问卷 1 973 份,约占全体有效样本的 23.0%。

本章共选取 6 种态度变量进行分析,分别是舒适性需求、方便性需求、可靠性需求、灵活性需求、安全意识及环保意识。根据以往研究[73],这些都是影响出行方式选择的重要变量。本研究采用两种方法度量主观态度,分别是态度指标和行为指标,指标变量的打分采用李克特量表(Likert scale)五分制。

用态度指标构建的主观态度变量有:舒适性需求、方便性需求、可靠性需求和灵活性需求。评分为很不重要、不太重要、一般、较重要和很重要。

表6-1 基于态度指标构建的主观态度变量

主观态度变量	问题表述	指标名称
舒适性需求 (Comfort, 缩写为"Comf")	能有个安静不吵闹的出行环境	$Quiet(y_1)$
	在途中可以休息或看书、看报	$Rest(y_2)$
	车内环境比较宽松、不拥挤	$Nocrowd(y_3)$
方便性需求 (Convenience, 缩写为"Conv")	不需要转车,能够直达	$Notransfer(y_4)$
	可以随时出发,不需要等车	$Nowait(y_5)$
	能够较快地到达目的地	$Fast(y_6)$
	能不慌不忙、从容地到达目的地	$Nohurry(y_7)$
可靠性需求 (Reliability, 缩写为"Rel")	自己能够掌控出行时间	$Controltime(y_8)$
	能够准确知道车辆到达时间	$Knowtime(y_9)$
	能准时到达目的地	$Ontime(y_{10})$
灵活性需求 (Flexibility, 缩写为"Flex")	途中可以购物或做点其他的事	$Shopping(y_{11})$
	途中可以接送小孩上下学	$Childschool(y_{12})$
	途中能接送孩子去玩耍的地方	$Childplay(y_{13})$
	途中可以锻炼身体	$Exercise(y_{14})$
	有更多的线路或道路可以到达目的地	$Moreroute(y_{15})$

用行为指标构建的主观态度变量有:安全意识和环保意识。行为指标变量的优点在于它相对于方式选择具有外部性,不受某种交通方式选择结果的影响。而态度指标变量会受方式选择的影响,也就是说,个体为了表征自身选择的合理性,会潜在影响到对态度指标的打分。行为指标的评分为:很不赞同、不太赞同、一般、比较赞同和十分赞同。

表 6-2　基于行为指标构建的主观态度变量

主观态度变量	问题表述	指标名称
安全意识 (Safety, 缩写为"Safe")	我从不会超速行驶	$Speed(y_{16})$
	开车时,我总会系安全带	$Safebelt(y_{17})$
	为了赶时间,我偶尔会闯红灯	$Redlight(y_{18})$
环保意识 (Environmental Preference, 缩写为"Env")	使用私家车会使得空气质量下降	$Air(y_{19})$
	如果我的出行方式污染环境,我愿意改变	$Change(y_{20})$
	选择公交出行对环境有保护作用	$Protect(y_{21})$

(2) 样本特征

通过数据描述性统计分析得到调查样本的基本信息。表 6-3 给出了样本的家庭属性信息。1 973 个有效样本共来自 1 965 个家庭。家庭平均规模是 3.07 人,82.4% 的家庭人口在 3 人及以下。从家庭私人交通工具拥有情况看,自行车、电动车和小汽车的平均拥有量分别是 0.56 辆/家庭、0.12 辆/家庭和 0.25 辆/家庭。对比总样本和意向样本的家庭特征的均值和方差,两者无明显差异。

表 6-3　调查样本的家庭属性信息

属性	变量名	缩写	描述	总样本 (N=6 771)	意向样本 (N=1 965)
家庭规模 (人/家庭)	$Household\ Size$	$Size$	3 人及以下	82.1%	82.4%
			3 人以上	17.9%	17.6%
			均值(方差)	3.07(0.45)	3.07(0.47)
自行车拥有率 (辆/家庭)	$Bicycle\ Ownership$	$Bicycle$	0 辆	56.9%	56.1%
			1 辆	33.8%	34.9%
			2 辆及以上	9.3%	9.0%
			均值(方差)	0.54(0.53)	0.56(0.55)

续表

属性	变量名	缩写	描述	总样本 ($N=6\,771$)	意向样本 ($N=1\,965$)
电动车拥有率 （辆/家庭）	Moped Ownership	Moped	0 辆	90.3%	89.6%
			1 辆	8.8%	9.4%
			2 辆及以上	0.9%	1.0%
			均值（方差）	0.11(0.13)	0.12(0.12)
小汽车拥有率 （辆/家庭）	Car Ownership	Car	0 辆	75.9%	76.3%
			1 辆	18.7%	22.2%
			2 辆及以上	5.4%	1.5%
			均值（方差）	0.22(0.21)	0.25(0.22)

表 6-4 统计了调查样本的个人属性信息。48.6% 的被调查对象为男性。驾照和公交卡持有率均较低，78.0% 的样本没有驾照，52.8% 没有公交卡。年龄以中青年为主，50 岁以下年龄占 98.6%，58.7% 的样本受教育程度在高中及以上。对比总样本和意向样本的个人信息特征，可以看出，意向样本的公交卡持有率较高，受教育水平也较高。这反映了公交出行者和受教育水平高的人群更乐意参与意向调查。

表 6-4 调查样本的个人属性信息

属性	变量名	缩写	描述	总样本 ($N=12\,215$)	意向样本 ($N=1\,973$)
性别	Gender	Gen	女	48.9%	51.4%
			男	51.1%	48.6%
驾照拥有率	License Availability	Lic	没有	80.6%	78.0%
			有	19.4%	22.0%
公交卡拥有率	IC Card Availability	IC	没有	61.0%	52.8%
			有	39.0%	47.2%
年龄	Age	Age	24 岁及以下	54.6%	56.0%
			25~49 岁	43.2%	42.6%
			50 岁及以上	2.2%	1.4%

续表

属性	变量名	缩写	描述	总样本 (N=12 215)	意向样本 (N=1 973)
受教育程度	Education Level	Edu	初中及以下	54.4%	41.3%
			高中及中专	33.5%	43.8%
			大专、本科及以上	12.1%	14.9%

表6-5给出了调查样本的出行特征信息。低收入人群日平均出行链个数为1.07个，绝大部分出行者出行链仅为1个，占93.5%。日均出行时耗为65 min，生存型活动时耗为8.5 h，82.5%的出行者不发生方式转换，日出行强度是2.39次/日。对比总样本和意向样本发现两者的方式选择分布呈现一定差异，意向样本中居民选择公共交通的比例更多，这也同样说明了公交出行者更乐意参与出行意向调查。

表6-5 调查样本的出行属性信息

属性	变量名	缩写	描述	总样本 (N=12 215)	意向样本 (N=1 973)
出行链个数	Number of Trip Chain	Chain	1个	94.6%	93.5%
			2个	5.0%	5.9%
			3个及以上	0.4%	0.6%
			均值(方差)	1.06(0.07)	1.07(0.08)
出行时耗	Trip Duration	Tduration	0~0.5 h	25.3%	20.7%
			0.5~1.0 h	38.9%	39.6%
			1.0~1.5 h	17.7%	20.8%
			1.5~2.0 h	10.3%	11.1%
			2.0 h以上	7.8%	7.8%
			均值(方差)	62 min(1 min)	65 min(1 min)
生存型活动时耗	Subsistence Activity Duration	Subduration	0~8 h	33.7%	28.0%
			8~10 h	44.9%	45.9%
			10~12 h	16.2%	18.8%
			12 h以上	5.2%	7.3%
			均值(方差)	8.2 h(0.4 h)	8.5 h(0.4 h)

续 表

属性	变量名	缩写	描述	总样本 (N=12 215)	意向样本 (N=1 973)
方式转换	Modal Switch	Switch	不转换	84.9%	82.5%
			转换	15.1%	17.5%
			均值(方差)	0.15(0.13)	0.18(0.14)
方式选择	Mode Choice	Choice	步行	0.97 次/日	0.92 次/日
			自行车	0.09 次/日	0.09 次/日
			电动车	0.11 次/日	0.09 次/日
			公共交通	0.77 次/日	0.91 次/日
			小汽车	0.36 次/日	0.38 次/日
出行强度			均值(方差)	2.30 次/日 (0.64)	2.39 次/日 (0.77)

6.2.2 主观态度指标特征

(1) 信度分析

当意向问卷回收之后,我们最关心的是问卷表中的各项问题能否反映调查意图,以及所获取数据的可靠性。信度分析则用来评价问卷的稳定性或可靠性,它检验使用问卷对同一事物进行重复测量后所得结果的一致性程度,还可以用于判断问卷中的不同问题是否针对同一目标所设定。比如在舒适性需求态度构建中,可以通过信度分析判断 *Quiet*、*Rest* 和 *Nocrowd* 3 个问题的内部一致性程度,是否都是针对舒适性需求这一概念的测量。

信度分析的结果一般用信度系数表示,常用的是克朗巴哈系数(*Cronbach's α*),见下公式:

$$\alpha = \frac{k}{k-1}(1 - \frac{\sum_{i=1}^{k} S_i^2}{S_x^2}) \tag{6-1}$$

其中:k 表示用于构建某一主观态度的问题数目,如对于舒适性需求,$k=3$;S_i 表示第 i 题得分的方差;S_x 表示总得分的方差。信度本身与测量结果的正确与否无关,它只是用来衡量一致性或稳定性的指标。一致性高的问卷是指同一群人接受性质相同、题型相同、目的相同的不同问卷测验后,在各结果之间显示出较强的正相关性。稳定性高的测量工具是指,一群人在不同的时空条件下,接受相同工具的测量后,所得结果的差异很小。测量的信度越高,表示测验结果越可信。当克朗巴哈系数的值大于 0.70 时,认为结果是可以接受的。

(2) 数据特征

从构建各主观态度的问题指标信度分析来看,所有的系数均在 0.70 以上,也就是说意向问卷调查的结果是可信的。

表 6-6 给出了构建出行者主观态度的各指标的统计特征。从各指标的均值来看,安全意识的指标整体打分很高,说明出行者对安全意识的认识较为统一;灵活性的指标整体打分偏低,说明出行者对灵活性各问题的打分存在不同的意见。更详细地说,单个指标问题均分最高的是 $Redlight$(该问题做了逆向处理,即表述为:我从不会闯红灯),均分为 4.36 分,说明低收入人群遵守交通信号控制的意识很强。单个指标得分最低的是 $Exercise$(途中可以锻炼身体),均分是 2.77 分,说明低收入人群在方式选择时,并不看重这一选项。

主观态度舒适性需求、方便性需求、可靠性需求、灵活性需求、安全意识和环保意识中得分最高的指标分别是 $Nocrowd$、$Fast$、$Ontime$、$Moreroute$、$Redlight$、$Protect$,对应的问题分别是车内环境比较宽松、不拥挤,能够较快地到达目的地,能够准时地到达目的地,有更多的线路或道路可以到达目的地,我从不会闯红灯,选择公交出行有助于保护环境。

表 6-6 主观态度数据特征

主观态度	指标名称	很不重要	不太重要	一般	较重要	很重要	均值	α
舒适性(Comf)	$Quiet$	5.7%	12.2%	25.6%	27.6%	28.9%	3.62	0.709
	$Rest$	6.3%	22.0%	37.1%	19.4%	15.2%	3.15	
	$Nocrowd$	3.8%	4.8%	14.2%	30.3%	46.9%	4.12	
方便性(Conv)	$Notransfer$	4.0%	5.8%	15.8%	26.0%	48.4%	4.09	0.852
	$Nowait$	4.1%	6.3%	20.3%	24.7%	44.6%	3.99	

续 表

主观态度	指标名称	很不重要	不太重要	一般	较重要	很重要	均值	α
方便性（Conv）	Fast	3.6%	5.4%	15.4%	25.5%	50.1%	4.13	0.852
	Nohurry	4.6%	8.0%	22.9%	26.3%	38.2%	3.86	
可靠性（Rel）	Controltime	4.2%	8.2%	22.3%	27.8%	37.5%	3.86	0.795
	Knowtime	4.2%	7.4%	17.4%	26.7%	44.3%	4.00	
	Ontime	4.2%	6.8%	15.1%	25.5%	48.4%	4.07	
灵活性（Flex）	Shopping	14.0%	29.1%	32.9%	11.4%	12.6%	2.79	0.798
	Childschool	12.2%	20.4%	31.3%	16.7%	19.4%	3.11	
	Childplay	14.4%	26.2%	35.1%	11.7%	13.2%	2.82	
	Exercise	14.9%	27.7%	35.4%	10.0%	12.0%	2.77	
	Moreroute	6.2%	9.9%	21.4%	24.1%	38.4%	3.79	

主观态度	指标名称	很不赞同	不太赞同	一般	比较赞同	十分赞同	均值	α
安全意识（Safe）	Speed	2.3%	6.4%	18.7%	20.1%	52.5%	4.14	0.776
	Safebelt	3.0%	6.1%	18.6%	15.9%	56.4%	4.16	
	Redlight	2.0%	3.4%	14.4%	17.5%	62.7%	4.36	
环保意识（Env）	Air	4.7%	9.9%	24.7%	27.8%	32.9%	3.74	0.732
	Change	4.5%	8.4%	25.4%	27.7%	34.0%	3.78	
	Protect	4.1%	7.0%	23.4%	28.6%	36.9%	3.87	

6.2.3 模型设定

用于分析低收入人群出行方式选择的态度—行为模型，实际上是结构方程模型和离散选择模型的综合应用，这里的结构方程具体是指多指标多原因（Multiple Tndicators，Multiple Causes，MIMIC）模型。模型的概念框架图如图6-2所示。其中矩形表示可观测变量，如出行者的家庭和个人属性、构建主观态度的各问题指标。椭圆表示不可观测变量，如舒适性需求、方便性需求等。实线表示变量间的结构关系，虚线表示变量间的测量关系。

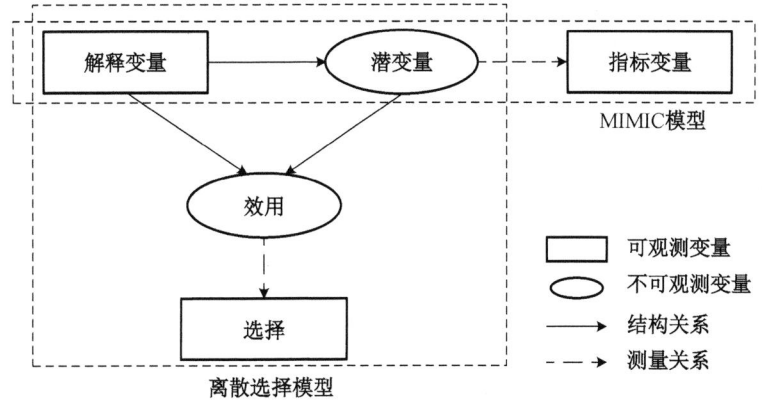

图 6-2 态度—行为模型概念框架图

该模型包括两个结构方程和两个测量方程,可表达为:

$$u_j = a_j s + b z_j + c_j \eta + \epsilon_j \tag{6-2}$$

$$\eta = \Gamma X + \zeta \tag{6-3}$$

$$d = \begin{cases} j, & \text{如果} u_j \geqslant u_k; \forall k \varepsilon J \\ 0, & \text{其他} \end{cases} \tag{6-4}$$

$$y = \Lambda \eta + \varepsilon \tag{6-5}$$

其中,u_j 表示交通方式 j 的效用函数;s 和 z_j 分别表示可观察的个人特征属性变量和交通方式的特征属性变量组成的向量;η 表示潜变量组成的 $(l \times 1)$ 向量,本书特指主观态度;X 表示引起 η 的个人属性变量组成的 $(k \times 1)$ 向量(X 可以是 s 的一部分);y 是可观察的指标变量组成的 $(q \times 1)$ 向量;a_j、b、c_j 是待估计参数;Γ、Λ 表示待估计的 $(l \times k)$ 和 $(q \times l)$ 参数向量;$\epsilon = (\epsilon_1, \epsilon_2, \cdots, \epsilon_J)$ 表示效用函数的误差项;ζ、ε 表示测量误差。对模型估计采用两步法,即先估计潜变量模型(多指标多原因模型),再估计离散选择模型。

(1)多指标多原因(MIMIC)模型

采用多指标多原因模型来分析影响低收入人群出行方式选择的主观态度。MIMIC 模型本质上是结构方程模型的一种。MIMIC 模型可以分解成两部分,以舒适性需求为例,第一部分类似回归分析(见图6-3的左半部分),包含一个内生变量 η(舒适性需求)和多个称为"因"的外源变量 x(社会经济属性),以及一个干扰项(或称为残余项)ζ 所组成。这个部分和一般多元回归不同之处在于该内生变量无法直接观察,也就是所谓的潜变量。MIMIC模型的另一个部分类似因子分析,由前述的潜变量(舒适性需求)和其指标(*Quiet*、*Rest*、*Nocrowd*)y,以及对应每个指标变量的残余项 ε 所组成(见图6-3的右半部分)。

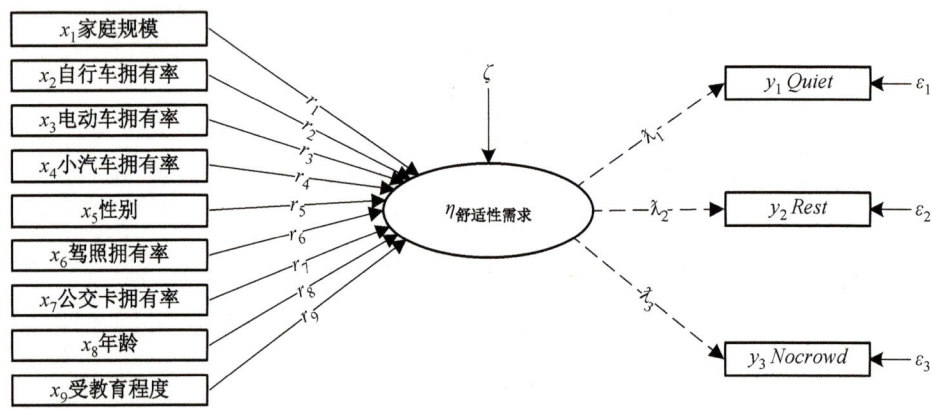

图6-3 MIMIC模型示意图

因此,MIMIC模型的数学式可以分为"回归"和"因子"两个部分,分别表述如下:

$$\eta_{舒适性需求} = r_1 x_1 + r_2 x_2 + \cdots + r_9 x_9 + \zeta \tag{6-6}$$

$\eta_{舒适性需求}$ 是 $x_1, x_2, \cdots, x_9$ 和 ζ 的线性组合,若以矩阵来表示,则该公式可以简化为:

$$\eta_{舒适性需求} = \boldsymbol{\Gamma X} + \zeta \tag{6-7}$$

其中,$\boldsymbol{X}$ 是 (9×1) 向量所构成的外源变量(社会经济属性),$\boldsymbol{\Gamma}$ 是 (1×9) 个结构回归系数(Structural Regression Coefficients),ζ 则是结构干扰项。

MIMIC模型的另一个部分类似因子分析,可表述如下:

$$\begin{cases} y_1 = \lambda_1 \eta_{舒适性需求} + \varepsilon_1 \\ y_2 = \lambda_2 \eta_{舒适性需求} + \varepsilon_2 \\ y_3 = \lambda_3 \eta_{舒适性需求} + \varepsilon_3 \end{cases} \quad (6-8)$$

上述公式包含 3 个线性方程式，每一个 y 都是 $\eta_{舒适性需求}$ 的指标变量，它们是可观察或可被测量的变量。当然，每一个 y 都无法完全代表 $\eta_{舒适性需求}$ 而都有一个相对应的残差项 ε，通常称为测量误差，并且假设它和 x 之间是相互独立的，以及 ε 彼此之间也是相互独立的。若以矩阵来表示，则可以改写成比较精简的形式：

$$\boldsymbol{y} = \boldsymbol{\Lambda} \boldsymbol{\eta}_{舒适性需求} + \boldsymbol{\varepsilon} \quad (6-9)$$

其中，y 是 (3×1) 个指标变量，$\boldsymbol{\Lambda}$ 是 (3×1) 个因子负荷量（Factor Loadings），$\boldsymbol{\varepsilon}$ 则是 (3×1) 个残余项。MIMIC 模型中假定 $E(\boldsymbol{\zeta}, \boldsymbol{\varepsilon}) = E(\boldsymbol{\varepsilon}, \boldsymbol{\eta}) = E(\boldsymbol{x}, \boldsymbol{\zeta}) = \boldsymbol{0}$。由于 $\eta_{舒适性需求}$ 是潜变量，其测量单位无法确定，因此在模型估计时要将它标准化以除去不确定性，通常的做法就是将某一项 λ 设定为 1.0。

将主观态度的舒适性需求、方便性需求、可靠性需求、灵活性需求、安全意识和环保意识写成矩阵形式，"回归"和"因子"两部分可分别表述为：

$$\begin{bmatrix} \eta_{Comf} \\ \eta_{Conv} \\ \eta_{Rel} \\ \eta_{Flex} \\ \eta_{Safe} \\ \eta_{Env} \end{bmatrix} = \begin{bmatrix} r_{11} & r_{12} & r_{13} & r_{14} & r_{15} & r_{16} & r_{17} & r_{18} & r_{19} \\ r_{21} & r_{22} & r_{23} & r_{24} & r_{25} & r_{26} & r_{27} & r_{28} & r_{29} \\ r_{31} & r_{32} & r_{33} & r_{34} & r_{35} & r_{36} & r_{37} & r_{38} & r_{39} \\ r_{41} & r_{42} & r_{43} & r_{44} & r_{45} & r_{46} & r_{47} & r_{48} & r_{49} \\ r_{51} & r_{52} & r_{53} & r_{54} & r_{55} & r_{56} & r_{57} & r_{58} & r_{59} \\ r_{61} & r_{62} & r_{63} & r_{64} & r_{65} & r_{66} & r_{67} & r_{68} & r_{69} \end{bmatrix} \begin{bmatrix} Size \\ Bicycle \\ Moped \\ car \\ Gen \\ Lic \\ IC \\ Age \\ Edu \end{bmatrix} + \begin{bmatrix} \zeta_1 \\ \zeta_2 \\ \zeta_3 \\ \zeta_4 \\ \zeta_5 \\ \zeta_6 \end{bmatrix}$$

$$
\begin{bmatrix} y_1 \\ y_2 \\ y_3 \\ y_4 \\ y_5 \\ y_6 \\ y_7 \\ y_8 \\ y_9 \\ y_{10} \\ y_{11} \\ y_{12} \\ y_{13} \\ y_{14} \\ y_{15} \\ y_{16} \\ y_{17} \\ y_{18} \\ y_{19} \\ y_{20} \\ y_{21} \end{bmatrix} = \begin{bmatrix} 1 & 0 & 0 & 0 & 0 & 0 \\ \lambda_{21} & 0 & 0 & 0 & 0 & 0 \\ \lambda_{31} & 0 & 0 & 0 & 0 & 0 \\ 0 & 1 & 0 & 0 & 0 & 0 \\ 0 & \lambda_{52} & 0 & 0 & 0 & 0 \\ 0 & \lambda_{62} & 0 & 0 & 0 & 0 \\ 0 & \lambda_{73} & 0 & 0 & 0 & 0 \\ 0 & 0 & 1 & 0 & 0 & 0 \\ 0 & 0 & \lambda_{93} & 0 & 0 & 0 \\ 0 & 0 & \lambda_{103} & 0 & 0 & 0 \\ 0 & 0 & 0 & 1 & 0 & 0 \\ 0 & 0 & 0 & \lambda_{124} & 0 & 0 \\ 0 & 0 & 0 & \lambda_{134} & 0 & 0 \\ 0 & 0 & 0 & \lambda_{144} & 0 & 0 \\ 0 & 0 & 0 & \lambda_{154} & 0 & 0 \\ 0 & 0 & 0 & 0 & 1 & 0 \\ 0 & 0 & 0 & 0 & \lambda_{175} & 0 \\ 0 & 0 & 0 & 0 & \lambda_{185} & 0 \\ 0 & 0 & 0 & 0 & 0 & 1 \\ 0 & 0 & 0 & 0 & 0 & \lambda_{206} \\ 0 & 0 & 0 & 0 & 0 & \lambda_{216} \end{bmatrix} \begin{bmatrix} \eta_{Comf} \\ \eta_{Conv} \\ \eta_{Rel} \\ \eta_{Flex} \\ \eta_{Safe} \\ \eta_{Env} \end{bmatrix} + \begin{bmatrix} \varepsilon_1 \\ \varepsilon_2 \\ \varepsilon_3 \\ \varepsilon_4 \\ \varepsilon_5 \\ \varepsilon_6 \\ \varepsilon_7 \\ \varepsilon_8 \\ \varepsilon_9 \\ \varepsilon_{10} \\ \varepsilon_{11} \\ \varepsilon_{12} \\ \varepsilon_{13} \\ \varepsilon_{14} \\ \varepsilon_{15} \\ \varepsilon_{16} \\ \varepsilon_{17} \\ \varepsilon_{18} \\ \varepsilon_{19} \\ \varepsilon_{20} \\ \varepsilon_{21} \end{bmatrix}
$$

在结构方程模型分析中，拟合的目标是求参数，使得模型隐含的协方差矩阵 $\Sigma(\theta)$ 与样本协方差矩阵 S 的残差最小，这个"残差"称为拟合函数。不同的拟合函数对应着不同的参数估计方法，本研究采用最大似然法对模型估计。

（2）离散选择（MNL）模型

根据第 5 章中出行方式选择特征与居民属性的相关性分析结果，将出行者的家庭属性、个人属性、活动属性以及本章中的主观态度变量引入模型，进行显著性水平为 0.05 的 MNL 回归。低收入人群的选择集包括 5 种交通方式，分别是步行、自行车、电动车、公共交通和小汽车。写成向量表达式为：

$$u_n = v_n + \varepsilon_n \tag{6-10}$$

其中，u_n、v_n、ε_n 都是 (5×1) 的向量。效用函数的固定项 v_n 是个体特征属性变量和主观态度变量的线性组合。个体特征属性含社会经济属性和个体的出行属性。

$$v(s_n, \eta_n; \beta) = \beta_s s_n + \beta_\eta \eta_n \tag{6-11}$$

其中，s_n 表示影响出行方式选择的个体特征属性 (5×13) 向量，包括家庭规模、自行车拥有率、电动车拥有率、小汽车拥有率、性别、职业、驾照拥有率、公交卡拥有率、年龄、职业、出行链个数、出行时耗、生存型活动时耗；η_n 表示影响出行方式选择的主观态度属性 (5×6) 向量，包括舒适性需求、方便性需求、可靠性需求、灵活性需求、安全意识和环保意识；β_s 表示个体特征属性的待估系数 (13×1) 向量；β_η 表示主观态度属性的待估系数 (6×1) 向量。

出行者 n 选择交通方式 j 的概率 P_{nj} 可以表示成：

$$P_{nj} = \frac{exp(\beta_s s_{nj} + \beta_\eta \eta_{nj})}{\sum_{j=1}^{5} exp(\beta_s s_{nj} + \beta_\eta \eta_{nj})} \tag{6-12}$$

模型标定时，活动属性中的出行时耗 ($Tduration$)、生存型活动时耗 ($Subduration$)，主观态度变量中的舒适性需求 ($Comf$)、方便性需求 ($Conv$)、可靠性需求 (Rel)、灵活性需求 ($Flex$)、安全意识 ($Safe$) 和环保意识 (Env) 是连续变量，其他变量都以哑元变量的形式进入模型。哑元变量的设置方法见表 6-7。

表 6-7 MNL 标定时哑元变量设置方法

变量名	描述	哑元编码		变量名	描述	哑元编码	
$Size$	3 人及以下	0	/	Gen	女	0	/
	3 人以上	1	/		男	1	/

续 表

变量名	描述	哑元编码		变量名	描述	哑元编码	
Bicycle	没有	0	0	Lic	没有	0	/
	1辆	1	0		有	1	/
	2辆及以上	0	1	IC	没有	0	/
Moped	没有	0	0		有	1	/
	1辆	1	0	Age	24岁及以下	0	0
	2辆及以上	0	1		25~49岁	1	0
Car	没有	0	0		50岁及以上	0	1
	1辆	1	0	Edu	初中及以下	0	0
	2辆及以上	0	1		高中及中专	1	0
Occ	学生	0	0	0	0	大专、本科及以上	0	1
	工人	1	0	0	0	Chain	1个	0	0
	公务员及事业单位	0	1	0	0		2个	1	0
	公司职员	0	0	1	0		3个及以上	0	1
	私营及个体劳动者	0	0	0	1				

6.3 多指标多原因模型的估计

6.3.1 模型标定

多指标多原因模型"回归"部分的结果如表6-8所示，可以看出家庭和个人社会经济属性中，家庭规模变量对主观态度的影响最不显著，意味着来自不同家庭规模的低收入人群在主观态度表现上并无显著性差异。然而，性别、驾照拥有情况和年龄对主观态度的影响较大。

表6-8 影响主观态度的原因变量 $\varGamma$ 矩阵

属性	η舒适性需求	η方便性需求	η可靠性需求	η灵活性需求	η安全意识	η环保意识
家庭规模	\	\	\	\	\	\
自行车拥有率	\	\	\	0.05(2.12)	\	0.09(2.57)

续表

属性	η舒适性需求	η方便性需求	η可靠性需求	η灵活性需求	η安全意识	η环保意识
电动车拥有率	\	0.17(3.90)	0.09(2.90)	\	−0.08(−2.27)	\
小汽车拥有率	\	\	\	\	0.22(4.29)	\
性别（男性=1）	−0.12(−3.75)	−0.21(−4.66)	−0.13(−3.71)	\	−0.20(−5.44)	\
驾照拥有率（有=1）	0.12(3.81)	0.30(6.56)	0.15(2.75)	\	\	−0.26(−4.95)
公交卡拥有率（有=1）	\	0.11(2.63)	0.10(3.08)	\	0.13(3.33)	\
年龄	\	\	0.25(2.34)	0.22(5.54)	0.78(9.01)	0.70(6.59)
受教育程度	\	\	\	\	−0.37(−6.92)	\

注：①括号里表示 T 检验值；②"\"表示95%置信水平下不显著。

多指标多原因模型"因子分析"部分的估计结果如表6-9所示，只有在95%置信水平下显著的变量被列出。可以看出，各因子载荷都是正值且显著，也就是说各指标变量均对主观态度的构建有影响。因子载荷 λ_{ij} 表示第 i 个变量与第 j 个公共因子的相关系数，它反映了第 i 个变量在第 j 个公共因子上的相对重要性，绝对值越大，相关的密切程度越高，因此从表6-9也可以看出哪些指标变量相对于主观态度的重要性较大。

表6-9 表征主观态度的指标变量 Λ 矩阵

指标名称	η舒适性需求	η方便性需求	η可靠性需求	η灵活性需求	η安全意识	η环保意识
Quiet	1					
Rest	0.59(23.22)					
Nocrowd	1.68(23.90)					
Notransfer		1				
Nowait		0.99(41.45)				

续 表

指标名称	η舒适性需求	η方便性需求	η可靠性需求	η灵活性需求	η安全意识	η环保意识
Fast		1.14(44.85)				
Nohurry		0.80(35.96)				
Controltime			1			
Knowtime			1.32(34.71)			
Ontime			1.20(33.56)			
Shopping				1		
Childschool				1.35(32.60)		
Childplay				1.35(36.27)		
Exercise				1.11(31.94)		
Moreroute				0.92(16.93)		
Speed					1	
Safebelt					1.02(38.68)	
Redlight					0.94(30.13)	
Air						1
Change						1.09(25.20)
Protect						1.12(24.96)

注：括号里表示 T 检验值。

（1）舒适性需求

表征舒适性需求的原因变量和指标变量估计结果如下所示：

$$\eta_{舒适性需求} = -0.12 \times Gen + 0.12 \times Lic \tag{6-13}$$

$$Quiet = 1 \times \eta_{舒适性需求};\ Rest = 0.59 \times \eta_{舒适性需求};\ Nocrowd = 1.68 \times \eta_{舒适性需求} \tag{6-14}$$

男性比女性对舒适性的需求较低（系数为-0.12）。有驾照的人群对出行舒适性的要求较高（系数为0.12），这是因为有驾照的人群小汽车出行比例很高（分析见第5章），习惯于小汽车出行后自然对舒适性的要求较高。从因子载荷系数看出，Nocrowd 指标与舒适性的关系最为密切（系数为1.68），也就是说"车内环境比较宽松、不拥挤"对舒适性的重要程度最大。$Rest$ 载荷系数最小（系数为 0.59），也就是说"在途中可以休息或看书看报"对舒适性的重要程度较小。

(2) 方便性需求

$$\eta_{方便性需求} = 0.17 \times Moped - 0.21 \times Gen + 0.30 \times Lic + 0.11 \times IC \tag{6-15}$$

$$Notransfer = 1 \times \eta_{方便性需求}; Nowait = 0.99 \times \eta_{方便性需求} \tag{6-16}$$

$$Fast = 1.14 \times \eta_{方便性需求}; Nohurry = 0.80 \times \eta_{方便性需求} \tag{6-17}$$

随着家庭电动车数量的增加，人群对方便性的需求增加（系数为 0.17），这是由于电动车拥有率增多，使用概率也会增加，电动车自身直达、不需等待的特性培养了居民的出行习惯。从性别变量的系数看出，男性对方便性的要求要低于女性出行者（系数为-0.21）。驾照拥有率和公交卡拥有率系数均为正值（系数为 0.30 和 0.11），说明了随着小汽车和公交车出行概率的增加，人群对方便性的需求更强。从因子载荷的系数看出，$Fast$ 对方便性最为重要（系数为 1.14），$Nohurry$ 重要程度相对较低（系数为 0.80），对应的表述分别为"能够较快地到达目的地"和"能不慌不忙、匆匆地到达目的地"。

(3) 可靠性需求

$$\eta_{可靠性需求} = 0.09 \times Moped - 0.13 \times Gen + 0.15 \times Lic \\ + 0.10 \times IC + 0.25 \times Age \tag{6-18}$$

$$Controltime = 1 \times \eta_{可靠性需求}; Knowtime = 1.32 \times \eta_{可靠性需求}$$
$$Ontime = 1.20 \times \eta_{可靠性需求} \tag{6-19}$$

随着家庭电动车数量的增加，低收入人群对出行可靠性的需求增强（系数为 0.09）。从性别变量的系数看出，男性出行者对可靠性的要求要低于女性出行者（系数为-0.13）。同样，驾照拥有率和公交卡拥有率系数均为正值（系数为 0.15 和 0.10），说明了随着小汽车和公交车出行概率的增加，人群对可靠性的需求加强。年龄变量的系数为正值且显著（系数为 0.25），意味着随着年龄的增长，人群对出行可靠性的要求增加。从因子载荷的系数看出，$Knowtime$ 对可靠性最为重要（系数为 1.32），$Controltime$ 重要程度相对较低（系数为 1.00），对应的表述分别为"能够准确知道车辆到达时间"和"出行时间自己能够掌控"。

(4) 灵活性需求

$$\eta_{灵活性需求} = 0.05 \times Bicycle + 0.22 \times Age \tag{6-20}$$

$$Shopping = 1 \times \eta_{灵活性需求}; Childschool = 1.35 \times \eta_{灵活性需求};$$
$$Childplay = 1.35 \times \eta_{灵活性需求} \tag{6-21}$$

$$Exercise = 1.11 \times \eta_{灵活性需求}; Moreroute = 0.92 \times \eta_{灵活性需求} \tag{6-22}$$

随着家庭自行车数量的增加，低收入人群对出行灵活性的需求增强（系数为 0.05），这是因为自行车自身灵活性高，可以满足出行过程中的多样化需求。随着年龄的增长，人群对灵活性的要求随之增加（系数为 0.22）。从因子载荷的系数看出，$Childschool$ 和 $Childplay$ 对灵活性最为重要（系数为 1.35 和 1.35），$Moreroute$ 重要程度相对较低（系数为 0.92），对应的表述分别为"途中可以接送小孩上下学""途中能接送孩子去玩耍的地方"和"有更多的线路或道路可以到达目的地"。

(5) 安全意识

$$\eta_{安全意识} = -0.08 \times Moped + 0.22 \times Car - 0.20 \times Gen$$
$$+ 0.13 \times IC + 0.78 \times Age - 0.37 \times Edu \tag{6-23}$$

$$Speed = 1 \times \eta_{安全意识}; Safebelt = 1.02 \times \eta_{安全意识}; Redlight = 0.94 \times \eta_{安全意识} \tag{6-24}$$

安全意识是用行为指标来构建的，如不超速行驶、开车系安全带和不闯红灯。随着家庭电动车规模的增加，人群的安全意识降低（系数为-0.08），也就说更可能出现超速行驶、不系安全带和闯红灯的情况。但当小汽车规模增加时，居民使用小汽车的概率增加（系数为 0.22），开小汽车违反交通法规会受到处罚，因此会逐渐培养和增强安全意识。从性别变量的系数看出，男性出行者的安全意识要低于女性出行者（系数为-0.20）。当居民拥有公交卡时，使用公共交通的概率会增加（系数为 0.13），安全意识随之增强。年龄变量的系数为正值且显著（系数为 0.78），表明随着年龄的增加，人群的安全意识也随着增强。有意思的结果是受教育程度对安全意识的影响,系数为负值且显著(系数为-0.37),但并不意味着受教育水平高的人群对安全意识要求低,这仅仅表明受教育高的出行者更容易出现超速行驶、开车不系安全带和闯红灯的现象。

从因子载荷的系数看出,$Safebelt$ 与安全意识关系最为密切(系数为1.02),$Redlight$ 密切程度相对较低(系数为0.94),对应的表述分别为"开车时,我总会系安全带"和"我从不会闯红灯(该问题做了逆向处理)"。

(6) 环保意识

$$\eta_{环保意识} = 0.09 \times Bicycle - 0.26 \times Lic + 0.70 \times Age \tag{6-25}$$

$$Air = 1 \times \eta_{环保意识}; Change = 1.09 \times \eta_{环保意识}; Protect = 1.12 \times \eta_{环保意识} \tag{6-26}$$

随着家庭中自行车规模的增加,居民使用自行车出行的概率增加,环保意识也增强(系数为0.09)。驾照拥有率增加,小汽车使用概率增加,环保意识降低(系数为-0.26)。年龄变量的系数为正值且显著(系数为0.70),意味着随着年龄的增加,低收入人群的环保意识增强。从因子载荷的系数看出,$Protect$ 与环保意识关系最为密切(系数为1.12),Air 密切程度相对较低(系数为1.00),对应的表述分别为"选择公交出行对环境有保护作用"和"使用私家车会使得空气质量下降"。

6.3.2 主观态度的特征

(1) 单因素方差分析

单因素方差分析是两个样本平均数比较的延伸,它是用来检验多个平均数之间的差异,从而确定因素对试验结果有无显著性影响的一种统计方法。本书用单因素方差分析比较各分组间主观态度均值有无显著性差异。

在方差分析中,整个样本的总变异 SS_T 可以被分解为两项,第一项是各组内部的变异(组内变异 SS_W),该变异只反映随机变异的大小,第二项为各组均数的差异(组间变异 SS_B),即总变异=组内变异+组间变异。

这样,可采用一定的方法来比较组内变异和组间变异的大小(用均方 MS

来比较),如果后者远大于前者,则说明处理因素(分组)的影响的确存在,如果两者相差无几,则说明分组的影响不存在。方差分析的检验统计可以理解为利用随机误差作为尺度来衡量各组间的变异,即 $F = \dfrac{组间变异测量指标}{组内变异测量指标}$。

方差分析的零假设和备选假设分别为:

$$H_0: \mu_1 = \mu_2 = \cdots = \mu_k$$

$H_a: k$ 个总体主观态度均值不同或者不全相同

检验统计量为:

$$F_{k-1, N-k} = \frac{MS_B}{MS_w} = \frac{SS_B/(k-1)}{SS_W/(N-k)} \tag{6-27}$$

式中,k 表示试验有 k 个处理水平,N 表示试验共有 N 个观察值。零假设成立时,F 值应该服从自由度为 $(k-1, N-k)$ 的中心 F 分布。在 95% 置信水平下,若 $F < F_{0.05}$(或 $P > 0.05$),不能否定原假设;若 $F \geqslant F_{0.05}$(或 $P \leqslant 0.05$),否定原假设,认为各分组间主观态度的均值存在显著性差异。

(2) 特征分析

表 6-10 统计了不同个体间主观态度均值的差异,并给出了单因素方差分析的结果。女性出行者对舒适性和方便性的需求均高于男性,女性的舒适性需求和方便性需求得分均值是 0.040 和 0.040,而男性的得分是-0.040 和-0.050。从不同职业的人群对出行的需求来看,方便性需求、可靠性需求、灵活性需求、安全意识和环保意识均存在显著差异。公务员及事业单位人员、公司职员对方便性、可靠性和灵活性的需求较高,这是由于工作原因,要求他们快捷、可靠地完成出行,并在出行的过程可满足多种出行目的。公司职员的安全意识最高,这表明他们出行时更遵守交通规则:如不超速、系安全带、不闯红灯等。学生对各出行需求的要求都是最低,$\mu_{\eta_{舒适性需求}} = -0.010$,$\mu_{\eta_{方便性需求}} = -0.060$,$\mu_{\eta_{可靠性需求}} = -0.100$,$\mu_{\eta_{灵活性需求}} = -0.080$,$\mu_{\eta_{安全意识}} = -0.110$,$\mu_{\eta_{环保意识}} = -0.070$。这因为学生的出行需求较单一,对多样化的出行服务要求较低。

当人群拥有驾照时,对方便性、可靠性、灵活性和安全意识的需求较高,$\mu_{\eta_{方便性需求}} = 0.140$,$\mu_{\eta_{可靠性需求}} = 0.170$,$\mu_{\eta_{灵活性需求}} = 0.150$,$\mu_{\eta_{安全意识}} = 0.150$。这

是因为持有驾照的出行者使用小汽车的概率较大,相应地对出行服务质量的要求也较高。当居民拥有公交卡时,对方便性、可靠性的需求较高,$\mu_{\eta_{方便性需求}} = 0.040$,$\mu_{\eta_{可靠性需求}} = 0.050$。因为持有公交卡的人群选择公交出行的概率较大,这也从侧面反映了低收入居民对公交服务最为关心的是方便性和可靠性。随着年龄的增长,方便性、可靠性、灵活性、安全意识和环保意识的需求随之增加,这表明了年龄与出行服务质量需求呈现正相关性。从受教育程度变量来看,大专、本科及以上对出行服务的需求最高,$\mu_{\eta_{舒适性需求}} = 0.140$,$\mu_{\eta_{方便性需求}} = 0.190$,$\mu_{\eta_{可靠性需求}} = 0.200$,$\mu_{\eta_{灵活性需求}} = 0.210$,$\mu_{\eta_{安全意识}} = 0.110$。当受教育水平降低时,对出行需求的要求会有所降低。

表6-10 人群个体间的主观态度差异特征

属性	类别	$\mu_{\eta_{舒适性需求}}$	$\mu_{\eta_{方便性需求}}$	$\mu_{\eta_{可靠性需求}}$	$\mu_{\eta_{灵活性需求}}$	$\mu_{\eta_{安全意识}}$	$\mu_{\eta_{环保意识}}$
性别	女	0.040	0.040	0.030	0.000	0.030	0.020
	男	-0.040	-0.050	-0.030	0.000	-0.040	-0.020
	均值检验 Sig.	0.053	0.040	\	\	\	\
职业	学生	-0.010	-0.060	-0.100	-0.080	-0.110	-0.070
	工人	-0.040	0.030	0.050	0.050	0.140	0.120
	公务员及事业单位	0.170	0.240	0.190	0.290	0.020	0.110
	公司职员	0.090	0.210	0.300	0.210	0.220	0.090
	私营及个体劳动者	-0.030	-0.020	0.080	0.020	0.130	0.010
	均值检验 Sig.	\	0.001	0.000	0.000	0.000	0.010
驾照拥有率	无驾照	-0.020	-0.040	-0.050	-0.040	-0.040	-0.010
	有驾照	0.070	0.140	0.170	0.150	0.150	0.030
	均值检验 Sig.	\	0.001	0.000	0.001	0.001	\
公交卡拥有率	无公交卡	0.000	-0.040	-0.040	0.030	-0.010	-0.030
	有公交卡	0.010	0.040	0.050	-0.030	0.010	0.030
	均值检验 Sig.	\	0.076	0.055	\	\	\
年龄	24岁及以下	-0.020	-0.070	-0.100	-0.080	-0.110	-0.070
	25~49岁	0.020	0.090	0.130	0.100	0.140	0.080

续　表

属性	类别	$\mu_{\eta_{舒适性需求}}$	$\mu_{\eta_{方便性需求}}$	$\mu_{\eta_{可靠性需求}}$	$\mu_{\eta_{灵活性需求}}$	$\mu_{\eta_{安全意识}}$	$\mu_{\eta_{环保意识}}$
年龄	50岁及以上	-0.040	0.120	0.140	0.300	0.160	0.240
	均值检验 Sig.	\	0.002	0.000	0.000	0.000	0.002
受教育程度	初中及以下	-0.010	-0.060	-0.100	-0.010	0.050	0.000
	高中及中专	-0.040	-0.010	0.020	-0.060	-0.090	-0.040
	大专、本科及以上	0.140	0.190	0.200	0.210	0.110	0.090
	均值检验 Sig.	0.022	0.001	0.000	0.000	0.002	\

注：①μ表示均值；②"\"表示95%置信水平下不显著。

6.4　离散选择模型的估计

6.4.1　模型比选

分别对不含潜变量模型 MNL_{ref}（Reference Model）和含潜变量模型 MNL_{lve}（Latent Variables Enriched Model）估计，含潜变量模型是指考虑了舒适性需求、方便性需求、可靠性需求、灵活性需求、安全意识和环保意识对低收入人群出行方式选择的影响。为了比较主观态度引入模型前后的拟合情况，选取似然比检验和赤池信息量准则两个指标来进行模型比选。

（1）似然比检验（Likelihood Ratio Test，LR）

一个回归模型的似然值，可以理解为给定模型参数后出现所观察样本的可能性。如模型1：$Y = \beta_0 + \beta_1 X_1 + \beta_2 X_2$，这个模型中给定的模型参数是 β_0、β_1、β_2，抽样得出所观察到的样本的可能性为 L_1。似然比检验用来比较两个模型，看是否可以用一个简单模型来替代一个复杂模型。如在模型1中，若除去自变量 X_2，模型2：$Y = \beta_0 + \beta_1 X_1$。模型2参数少一个，相对简单，由这个模型抽样得出所观察到的样本的可能性为 L_2。因为模型2少一个参数，自然 L_2 要小于 L_1。判断是否可以简化模型1为模型2的标准，可以采用似然比检验。

$$LR = 2 \times (\ln L_1 - \ln L_2) \tag{6-28}$$

其中，$\ln L_1$ 是复杂模型 1 的似然值对数，$\ln L_2$ 是简单模型 2 的似然值对数。LR 近似服从卡方分布，自由度等于复杂模型 1 中的模型参数个数与简单模型 2 中的参数个数差，这里等于 1。如果两个模型差异显著，则表示不能用简单模型 2 替代复杂模型 1。在进行似然比检验时，模型需要满足两个条件：①简单模型是从复杂模型简化得来的，即存在嵌套关系；②两个模型所用的观察对象完全相同，即样本量要相同。

本研究中，简单模型为不含潜变量的 MNL_{ref}，复杂模型为含潜变量的 MNL_{lve}，似然比检验的零假设和备选假设分别为：

$$H_0 : \beta_{舒适性需求} = \beta_{方便性需求} = \beta_{可靠性需求} = \beta_{灵活性需求} = \beta_{安全意识} = \beta_{环保意识} = 0$$
$$H_a : 主观态度的系数不为 0 或不全为 0$$

当似然比检验显著时，则可以拒绝原假设。

(2) 赤池信息量准则（Akaike Information Criterion，AIC）

AIC 建立在信息熵的概念基础上，是评估统计模型复杂度和衡量统计模型拟合优度的一种标准。AIC 可以表示为：

$$AIC = \frac{1 + \frac{n_p}{N}}{2\left(1 - \frac{n_p}{N}\right)} \left(\frac{1}{N} \sum_{i=1}^{N} \Delta^2 \right) \tag{6-29}$$

其中，n_p 是待估计参数的数量，N 是样本量，Δ 表示模型预测偏差，预测准确取值 0，否则取值 1。增加参数的数量可以提高模型的拟合优度，AIC 鼓励数据拟合的优良性，但是要避免出现过度拟合的情况。所以在实际应用中，应优先考虑的模型是 AIC 值较小的模型，AIC 指标是用于寻找可以最好地解释数据但包含最少自由参数的模型。在本研究中，AIC 则用于评价引入主观态度潜变量的模型 MNL_{lve} 是否存在过度拟合的可能性。

(3) 比选结果

分别对不含潜变量模型 MNL_{ref} 和含潜变量模型 MNL_{lve} 估计，以步行方式作为参考选择肢。因模型结果冗长，此处未具体列表给出。比较 MNL_{ref} 和 MNL_{lve} 两个模型中系数的显著性可以发现，模型中共有变量的显著水平均相同,反映了两个模型中的变量均能解释人群的出行方式选择行为。

但是,两个模型的自然比检验结果为 $LR=136.82$,自由度 $df=24$,显著性 $Prob>chi2=0.000$,拒绝原假设,也就是说 $\beta_{舒适性需求}$、$\beta_{方便性需求}$、$\beta_{可靠性需求}$、$\beta_{灵活性需求}$、$\beta_{安全意识}$、$\beta_{环保意识}$ 不全为零,即引入态度潜变量后可以提高模型拟合优度。AIC 指标为 $AIC_{ref}>AIC_{lve}$,表明 MNL_{lve} 要优于 MNL_{ref}。从以上两个指标可以认为,引入态度潜变量后,模型拟合优度更佳,更能解释出行方式选择行为。

6.4.2 结果分析

本节分别从家庭属性、个人属性、活动属性和主观态度变量 4 个方面对含潜变量的 MNL 模型的估计结果进行讨论和分析。

(1) 家庭属性

表 6-11 给出了家庭属性对低收入人群出行方式选择的影响,只有 95% 置信水平下显著的两两比较结果被列出(下同)。家庭规模对电动车的使用有显著作用。当家庭规模增大时,使用电动车的概率相对于步行、自行车、公共交通和小汽车都有所增加。因为当家庭成员数量增加时,能载人出行的交通工具受到欢迎,电动车使用成本低,低收入人群受经济条件的限制,因此选择概率会有所提高。

明显地,当家庭某种交通工具拥有水平提高时,相应地使用概率也会增加。如自行车拥有率从 0 辆增加至 1 辆时,自行车出行选择优势相对于步行增加 5.936($\exp(1.781)$);电动车拥有率从 0 辆增加至 1 辆时,电动车出行选择优势相对于自行车增加 8.381($\exp(2.126)$);小汽车拥有率从 0 辆增加至 1 辆时,小汽车出行选择优势相对于公共交通增加 5.755($\exp(1.750)$)。另外比较有意思的现象是,自行车规模对电动车的使用有促进作用,如自行车数量从 0 增加至 2 时,$Coeff_{电动车vs.步行}=1.196$,$Coeff_{公共交通vs.电动车}=-1.385$,$Coeff_{小汽车vs.电动车}=-0.818$)。这是因为自行车和电动车使用成本低,自行车满足短距离出行需求,电动车因速度较快能满足中长距离出行需求,两者可相互配合使用。但是小汽车规模对电动车的使用有抑制作用,如小汽车数量从 0 增加至 1 时,$Coeff_{电动车vs.步行}=-0.923$,$Coeff_{公共交通vs.电动车}=0.678$,这是因为电动车与小汽车在部分中长途距离出行需求上存在竞争关系。

表 6-11　家庭属性对交通方式选择行为的影响

变量	出行方式	参考变量	Coeff	变量	出行方式	参考变量	Coeff
Size>3 人	电动车	自行车	0.677	Moped=1 辆	电动车	自行车	2.126
	电动车	步行	0.566		电动车	步行	2.030
	公共交通	电动车	-0.599		公共交通	电动车	-1.783
	小汽车	电动车	-0.695		小汽车	电动车	-1.759
Bicycle=1 辆	自行车	步行	1.781	Moped≥2 辆	电动车	步行	2.106
	电动车	自行车	-1.760		公共交通	电动车	-2.118
	公共交通	自行车	-1.925		小汽车	电动车	-2.221
	小汽车	自行车	-2.036		电动车	步行	-0.923
	小汽车	步行	-0.254		公共交通	电动车	0.678
Bicycle≥2 辆	自行车	步行	2.365		公共交通	步行	-0.245
	电动车	自行车	-1.169	Car=1 辆	小汽车	自行车	1.997
	电动车	步行	1.196		小汽车	电动车	2.428
	公共交通	自行车	-2.555		小汽车	公共交通	1.750
	公共交通	电动车	-1.385		小汽车	步行	1.505
	小汽车	自行车	-1.987	Car≥2 辆	自行车	步行	1.247
	小汽车	电动车	-0.818		小汽车	公共交通	1.711
	小汽车	公共交通	0.567		小汽车	步行	2.340
	小汽车	步行	0.378				

(2) 个人属性

表 6-12 给出了个人社会经济属性对出行方式选择的影响。可以明显看出，男性更倾向于个体化的交通方式，如自行车、电动车和小汽车，而女性人群选择公共交通出行的概率更大（$Coeff_{公共交通\ vs.\ 自行车}=-0.741$，$Coeff_{公共交通\ vs.\ 电动车}=-0.377$）。从职业属性变量看出，相对于学生，工人、公务员及事业单位人员、公司职员、私营及个体劳动者选择小汽车出行的概率更大，这是因为这些人员既有通勤出行也有弹性出行，而学生群体弹性出行较少，小汽车能灵活地满足多样化出行需求。当人群拥有公交 IC 卡时，选择公共交通出行的概率明显增加，这是因为持有公交卡在抚顺市乘坐公共交通享受票价优惠，低收入人群对价格比较敏

感,一定程度上促进了公共交通的使用。同样,当居民拥有驾照时,选择小汽车出行的概率也将增加。驾照持有对自行车的选择有负影响,如 $Coeff_{公共交通 vs. 自行车} = 0.851$,$Coeff_{电动车 vs. 自行车} = 0.883$,可以解释为持有驾照的居民不太愿意进行体力骑行。

低收入人群随年龄的增加,选择小汽车出行相对于步行和公共交通有所增加。从受教育水平的变量结果发现,随着受教育程度的增加,出行者更愿意使用机动化交通工具,尤其是公共交通。这是因为这部分群体以在校高中生、大学生为主,他们的可支配收入低,因此只能选择相对廉价的公共交通工具出行。

表 6-12　个人属性对交通方式选择行为的影响

变量	出行方式	参考变量	Coeff	变量	出行方式	参考变量	Coeff
$Gen=$男	自行车	步行	0.764	$Lic=$有	自行车	步行	-1.006
	电动车	步行	0.401		电动车	自行车	0.883
	公共交通	自行车	-0.741		公共交通	自行车	0.851
	公共交通	电动车	-0.377		小汽车	自行车	2.343
	小汽车	公共交通	0.361		小汽车	电动车	1.459
	小汽车	步行	0.385		小汽车	公共交通	1.491
$Occ=$工人	小汽车	步行	2.216	$Age=25\sim49$ 岁	小汽车	步行	1.336
$Occ=$公务员及事业单位	小汽车	公共交通	2.493		小汽车	公共交通	1.907
	小汽车	步行	2.658		小汽车	步行	2.210
$Occ=$公司职员	小汽车	公共交通	1.615	$Age\geqslant 50$ 岁	小汽车	步行	2.281
	小汽车	步行	2.591		公共交通	电动车	0.695
$Occ=$私营及个体劳动者	小汽车	公共交通	2.230	$Edu=$高中及中专	公共交通	步行	0.700
	小汽车	步行	2.676		小汽车	公共交通	-0.316
$IC=$有	公共交通	自行车	0.880		小汽车	步行	0.384
	公共交通	电动车	1.062	$Edu=$大专、本科及以上	公共交通	电动车	0.860
	公共交通	步行	1.027		公共交通	步行	0.581
	小汽车	公共交通	-0.951				

(3) 活动属性

表 6-13 给出了活动属性对交通方式选择的影响。当出行链个数增加时，灵活度高的个体化交通方式，如步行、自行车、电动车和小汽车，使用概率增加趋势显著，而公共交通的使用概率减少。这是由于当出行者需要频繁往返于家庭和其他场所时，更加倾向选择方便的出行方式。而公共交通受固定线路、固定时刻表的限制，不易于在全天组织多次出行链。

随着居民出行时耗的增加，公共交通和小汽车等机动化的出行选择概率增加，这是由于出行时耗和出行距离有着正相关性，出行时耗长意味着总体出行距离长，机动化的出行方式能较好地满足长距离出行需求。当生存型活动时耗增加时，电动车、公共交通和小汽车等速度快的交通方式使用概率将增大，这是因为个体受时间的限制（每人每天 24 小时），生存型活动增加，就需要较快地完成出行活动。

表 6-13 活动属性对交通方式选择行为的影响

变量	出行方式	参考变量	Coeff	变量	出行方式	参考变量	Coeff
Chain=2个	电动车	自行车	-0.807	Tduration	公共交通	自行车	1.177
	电动车	步行	-0.757		公共交通	电动车	1.054
	公共交通	自行车	-1.461		公共交通	步行	1.021
	公共交通	电动车	-0.654		小汽车	自行车	0.945
	公共交通	步行	-1.411		小汽车	电动车	0.822
	小汽车	自行车	-1.219		小汽车	公共交通	-0.232
	小汽车	步行	-1.170		小汽车	步行	0.789
Chain≥3个	公共交通	自行车	-2.285	Subduration	电动车	自行车	-0.073
	公共交通	电动车	-3.364		公共交通	电动车	0.123
	公共交通	步行	-3.242		公共交通	步行	0.089
	小汽车	公共交通	2.575		小汽车	电动车	0.093
					小汽车	步行	0.058

(4) 主观态度变量

表 6-14 统计了主观态度变量对低收入人群出行方式选择的影响。灵活性

需求对出行者交通方式选择的影响不显著,因为低收入人群单次出行的目的较为单一,途中较少从事其他活动。这也暗示了改善出行方式的灵活性不会影响低收入居民的出行方式选择。当居民对舒适性需求较高时,会较多地选择步行出行。因电动车出行较为方便,能够随时出发且无需中转,因此当居民对方便性需求较高时,会较大程度上选择电动车出行($Coeff_{电动车vs.步行}=0.312$)。当可靠性需求增加时,低收入人群选择步行和公共交通的概率增加,这是因为抚顺市公共交通服务水平较高(全体样本公交全方式分担率 30.1%,低收入样本公交全方式分担率 33.8%),低收入者日常活动需求较为固定,公共交通被认为是一种可靠的出行方式。

电动车被认为是一种不安全的出行方式,当出行的安全意识增强时,使用电动车的概率降低,这是因为电动车行驶速度快,且常机非混行,与自行车、行人和机动车行驶存在交通冲突,具有安全隐患。当居民环保意识增强时,使用自行车的概率明显增加,相关系数为:$Coeff_{自行车vs.步行}=0.289$,$Coeff_{自行车vs.电动车}=0.361$,$Coeff_{自行车vs.公共交通}=0.262$,$Coeff_{自行车vs.小汽车}=0.271$。

表 6-14 主观态度变量对交通方式选择行为的影响

变量	出行方式	参考变量	Coeff	变量	出行方式	参考变量	Coeff
Comf	自行车	步行	-0.223	Safe	电动车	步行	-0.210
Comf	电动车	步行	-0.245	Safe	公共交通	电动车	0.187
Comf	公共交通	步行	-0.152	Safe	小汽车	电动车	0.242
Conv	电动车	步行	0.312	Env	自行车	步行	0.289
Rel	自行车	步行	-0.329	Env	电动车	自行车	-0.361
Rel	电动车	步行	-0.335	Env	公共交通	自行车	-0.262
Rel	公共交通	自行车	0.432	Env	小汽车	自行车	-0.271
Rel	公共交通	电动车	0.439				
Rel	小汽车	公共交通	-0.243				

主观态度对低收入人群出行方式选择的影响为其改善对策的提出提供了很好的依据,比如公共交通被认为是提高低收入群体机动性重要的手段。本研究发现改善可靠性会提高公共交通的选择概率,再从多指标多原因模型中因子

载荷结果看出,提供准确的车辆到达时间与可靠性的关系最为密切,因此交通改善措施应重点关注此方面,相关的出行改善措施将在第 7 章和第 8 章详细阐述。

通过与已有相关文献的研究结论对比,笔者发现家庭属性、个人属性、活动属性和主观态度变量对低收入人群的方式选择影响机理与对非低收入人群有相似之处,但也存在一定差异。相似之处表现在:家庭某种交通工具拥有水平提高时,相应地其使用概率也会增加[29][30];女性人群选择公共交通出行的概率更大[26];当出行链个数增加时,灵活度高的个体化交通方式使用概率增加趋势显著,而公共交通的使用概率减少[74]。不同之处如:随着受教育程度的增加,低收入出行者更愿意使用公共交通出行,而非低收入者选择小汽车出行的概率更大[38][75];当出行舒适性需求增强时,低收入人群较多地选择步行出行,而非低收入人群较多地选择小汽车出行[66]。灵活性需求对低收入人群的出行方式选择没有显著影响,但显著影响非低收入者的出行方式选择[68]。这些结论能为制定低收入人群出行改善措施提供很好的依据。

第 7 章 基于需求侧的城市低收入人群交通改善策略

7.1 概述

根据第 6 章的研究结论,舒适性需求、方便性需求、可靠性需求、安全意识和环保意识对低收入人群的出行方式选择有着显著影响,如何满足这些差异化的出行需求是本章重点研究的问题。

在此之前,需要进一步明确出行需求对行为的作用机理和影响程度,可以基于含潜变量的集散选择模型的结果,通过灵敏度分析来解决。灵敏度分析广泛应用于交通影响分析中。阿尔皮萨(Alpizar)和卡尔森(Carlsson)[76]试图研究如何减少哥斯达黎加地区高峰时期小汽车使用以提高公共交通分担率。基于通勤出行调查数据,运用弹性分析和边际效应理论,认为重点应放在减少公共交通的出行时间,提高准时性,加密发车频率;同时认为提高公共交通的舒适性的作用比较有限。阿塔索伊(Atasoy)等[77][78]分析瑞士居民出行方式选择行为,通过集计弹性分析发现出行时间相对于出行成本更能影响出行方式选择。陈(Chen)等[79]研究了西安市城市外来务工人员的出行方式选择影响因素,并运用弹性理论分析影响因素的灵敏度,发现受教育水平的弹性系数富有弹性,对交通方式选择影响显著;然而性别、职业和出行目的的弹性系数缺乏弹性,影响不显著。

研究自变量对因变量的灵敏度分析常用的方法是边际效应和弹性理论,本书研究也旨在通过灵敏度分析研究主观态度对低收入人群方式选择的影响程度,相应的结论为制定需求侧层面上的改善对策提供理论依据。首先,对边际效应和弹性理论进行介绍,然后,给出出行需求的灵敏度分析结果,最后,从满足不同出行需求的角度介绍了具体的改善对策。

7.2 边际效应和弹性理论

(1) 边际效应(Marginal Effect)

边际效应是指出行者选择交通方式 i 的概率随着方式 i 的某一属性值变化 1%时发生的变化。在 MNL 模型中,出行者的选择出行方式 i 概率是:

$$\Pr(i) = \frac{exp(V_i)}{\sum_{j=1}^{J} exp(V_j)} \tag{7-1}$$

$$V_i = \beta_0 + \beta_1 X_{i1} + \beta_2 X_{i2} + \cdots + \beta_k X_{ik} + \cdots + \beta_K X_{iK} \tag{7-2}$$

式中,V_i 表示选择肢 i 的效用值;J 表示选择集,X_{ik} 表示选择肢 i 的 k 属性值,β_k 表示待估系数。

本章研究的舒适性需求、方便性需求、可靠性需求、安全意识和环保意识都是连续变量。对于连续变量,边际效应即是对上述表达式求自变量的偏微分,公式表达为:

$$\frac{\partial P_i}{\partial X_{ik}} = \left(\frac{\partial V_i}{\partial X_{ik}}\right) \times P_i \times (1-P_i) = \beta_k \times P_i \times (1-P_i) \tag{7-3}$$

(2) 弹性理论(Elasticity Theory)

弹性的概念来源于微观经济学中的价格理论。弹性是指需求量或者供给量变动对价格或其他因素变量的敏感程度。弹性分析一般分为两种:直接弹性(Direct Elasticity)和交叉弹性(Cross Elasticity)。直接弹性是指出行者选择交通方式 i 的概率随着方式 i 的某一属性值变化 1%时发生的变化。交叉弹性是指交通方式 i 的某一属性值变化 1%时引起出行者选择交通方式 j 概率的变化。本研究中涉及的主观态度均为出行者个体属性,不随交通方式的转变而改变,因此采用直接弹性法分析主观态度变量对出行方式改变的敏感度。弹性系数相对于边际效应的优点在于其无量纲的特点,可以直接比较不同单位变量的敏感程度,如出行需求对出行时间(单位:分钟)的弹性系数可以和对出行成本(单位:元)的弹性系数直接比较,而边际效应则不行。

自变量 X_{ik} 变化 1‰，出行者 n 选择出行方式 i 的概率 P_n^i 变化程度计算公式为：

$$e_{X_{ink}}^{P_n^i} = \frac{\frac{\partial P_n^i}{P}}{\frac{\partial X_{ink}}{X_{ink}}} = \frac{\partial P_n^i}{\partial X_{ink}} \times \frac{X_{ink}}{P_n^i} = \beta_k \times X_{ink} \times (1 - P_n^i) \quad (7-4)$$

上述值是非集计弹性（Disaggregate Elasticity），表达个体出行方式选择对自变量的灵敏度，对于决策者来说，集计弹性（Aggregate Elasticity）反映群体的出行方式选择对某项自变量的灵敏度，更贴近实际，集计弹性是个体非集计弹性的加权平均值，公式表示为：

$$E_{X_{ik}}^{P_n^i} = \frac{\sum_{n=1}^{N} P_n^i \, e_{X_{ink}}^{P_n^i}}{\sum_{n=1}^{N} P_n^i} \quad (7-5)$$

样本中共有 N 个出行者，从集计弹性的表达式中可以明显地看出，个体选择概率 P_n^i 作为权重值。

7.3 满足差异化需求的出行改善策略

7.3.1 出行需求的灵敏度分析

表 7-1 给出了低收入人群出行方式选择对舒适性需求、方便性需求、可靠性需求、安全意识、环保意识的集计弹性和边际效应分析结果。可以看出，出行方式对舒适性需求和可靠性需求的影响灵敏度比较显著：步行、自行车、电动车、公共交通和小汽车对舒适性需求和可靠性需求的灵敏度指标都在 95% 置信水平。

舒适性需求的增加会提高小汽车和步行的使用频率，当舒适性打分提高 1‰ 时，小汽车的选择概率增加 0.51%；舒适性打分提高 1 分时，步行的出行选择概率会增加 2.62%。可靠性需求的增加会显著提高公共交通的使用概率，当可靠性打分提高 1% 时,公共交通的选择概率增加 0.61%;可靠性打分提高 1 分时,公共交通的选择概率增加 3.22%。环保意识的提升会促进自行车的使用,当环保意识打分提高 1% 时,自行车的选择概率增加 0.22%;环保意识打分提高 1 分时,自行车的选择概率增加 0.87%。

7.3.2 交通改善策略

为切实改善城市低收入人群的出行条件,满足其出行需求,必须提出具有针对性的策略。本节研究了 5 种不同出行需求,分别是舒适性需求、方便性需求、可靠性需求、安全意识和环保意识。出行需求变化对低收入人群的出行方式选择产生不同的影响,结果见表 7-1。

表 7-1 出行主观态度需求对方式选择的灵敏度

主观态度需求		步行	自行车	电动车	公共交通	小汽车
舒适性需求	集计弹性	\	−0.005 7	−0.006 0	−0.004 9	0.005 1
	边际效应	0.026 2	\	\	−0.020 1	\
方便性需求	集计弹性	\	\	\	\	\
	边际效应	\	\	0.009 0	\	\
可靠性需求	集计弹性	0.008 4	0.015 5	−0.015 6	0.006 1	−0.011 4
	边际效应	\	−0.009 9	−0.010 6	0.032 2	−0.015 8
安全意识	集计弹性	\	\	−0.008 7	\	\
	边际效应	\	\	−0.006 9	\	\
环保意识	集计弹性	\	0.002 2	\	\	\
	边际效应	\	0.008 7	\	\	\

注:"\"表示 95% 置信水平下不显著。

当出行舒适性需求提高时,小汽车和步行能较好地满足需求;当出行方便性需求提高时,电动车能较好地满足需求;当出行可靠性需求提高时,公共交通能较好地满足需求;当环保意识提高时,自行车能较好地满足需求。但是,基于灵敏度分析的结果,当出行者安全意识提高时,无适当的出行方式能显著地满足需求。

小汽车虽然能满足舒适性出行需求,但购置成本和使用成本较高,不适合作为低收入人群的出行改善对策。此外,电动车出行虽然能较好地满足方便性出行需求,但电动车不宜作为一种鼓励发展的交通工具。原因如下:①电动自行车近年来发展迅猛,一定程度上满足了出行者中长距离的机动化出行需求,与公共交通出行形成竞争;②电动自行车作为一种个体化交通工具,不符合城市集约型交通发展的思路;③电动自行车行驶过程中对路段及交叉口交通秩序影响较大,且存在较大安全隐患。基于以上考虑,本小节重点从满足舒适性需求、可靠性需求和环保意识3个角度提出相应的出行改善对策。

(1) 满足舒适性需求的出行改善对策

当低收入人群舒适性需求提高时,会较多地选择步行出行。创建优质的步行出行环境,需要从宏观、中观和微观3个层面着手:

宏观层面上,要依托城市自身的道路网系统,如山系、河流水系或绿带等结构化走廊,优先发展这些走廊区域,通过高架、地面和地下不同形式的步行廊道保证步行环境的整体性和连续性(见图7-1)。其次,因步行出行范围覆盖有限,必然涉及其他交通方式。公共交通作为低收入人群步行出行链方式转换的首选交通方式,占比55.0%(详细分析见第5章),因此步行交通系统规划重点需要考虑与城市公共交通的接驳换乘。

(a) 高架　　　　　　　(b) 地面　　　　　　　(c) 地下

图7-1　良好的步行廊道示意图

中观层面上,在低收入居民聚集区尽量做到人车分流的交通组织,改善居民区环境,创造良好的步行环境。汽车出入口设置于人流较少且与城市道路联系便捷之处,并做好景观绿化及环境设计,为人们提供庇护和交流空间。

微观层面上,需要注重人行道与轨道交通和公共交通的衔接,确定人行道的合适宽度,结合公交车站做好节点设计,以满足低收入人群对公交换乘的要求；同时设置人行横道合理位置、间距与信号配时，实现人车分离。

（2）满足可靠性需求的出行改善对策

当低收入人群可靠性需求提高时，会较多地选择公共交通出行。打造高品质、可靠的公共交通服务需要从以下几个方面着手：

首先，完善公交优先发展对策。公交优先发展对策直接关系到公交运行可靠性。重点是空间和时间优先，设置公交优先道能大幅提高运行可靠性。在有条件的道路上，根据居民出行需求设置全天候或者定时的公交优先车道。在拥堵比较严重的交叉口，根据各进口方向的交通量和公共交通通行量合理设置公交优先信号，保障公交车辆的顺利通过。

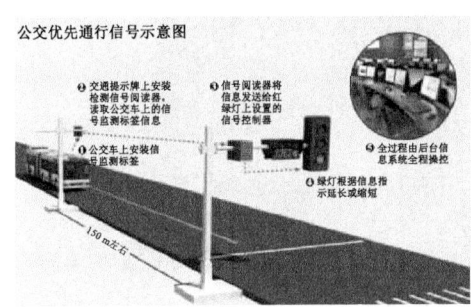

图 7-2　公共交通时间和空间优先示意图

其次，优化公交网络，合理设置站点。基于低收入人群出行空间分布特点，结合道路条件，在低收入居民居住聚集区合理设置公交线路和站点，优化线路级配，形成多模式、多层次公交服务体系（大站快线、公交干线、公交支线等），提高公交出行的可达性和机动性。依托公交优先车道形成高服务水平的骨干线路，通过公交换乘枢纽的建设，保证各层级线路在空间上实现方便的换乘，如开通早晚高峰的大站直达快车，重点建立低收入人群密集区与城市公共设施中心、城市就业岗位集中地区的便捷联系。

再次，制定合理的公交运行时刻表。低收入人群非通勤活动较少，因此在平峰时期，可考虑低频次的公交服务。对于低频次线路，公交车的运行时刻表不仅要包括发车时刻表，还要包括到达各站点的时间表，做到准时发车、准点运行，人群计划出行。

另外，要建立完善的出行信息服务系统。第6章研究发现改善可靠性会提高低收入人群公共交通的选择概率，又从多指标多原因模型中因子载荷结果看出提供准确的车辆到达时间与可靠性的关系最为密切。完善的出行信息服务系统指城市低收入人群能获得公交服务的各种信息，包括车辆到站信息、车辆实时运行状况等。比如可以在低收入居民聚集区的站台设置公交运行信息动态显示屏，提示车辆运行信息。

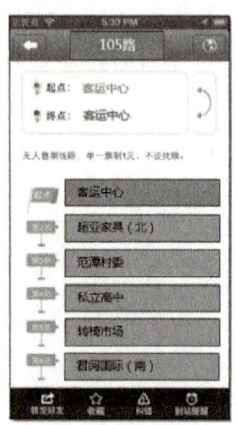

图7-3 公共交通出行信息服务

最后，建立高效的公交运营调度系统。通过现代技术手段的应用，逐步建设运用GPS系统的公交运营调度中心，获取不同时间、不同地点的运量需求变化、公交车辆的运行状态等公交运营中必须掌握的信息，对公交运营进行科学、合理和高效的调度。对于低收入人群而言，早晚高峰通勤出行占比较大，休闲娱乐出行占比较小，因此在高峰时间可考虑加密发车频率，平峰时期采取低频次小运量的公交服务，做到时刻表式运行。

（3）满足环保意识的出行改善对策

当低收入人群环境保护意识提高时，会较多地选择自行车出行。提高城市低收入人群的自行车出行质量，需要重点从两个方面考虑：

首先，提供城市公共自行车服务。根据低收入人群的居住地和工作地空间分布特征，考虑出行时间规律，合理布置城市公共自行车分布点。同时在公共自行车使用服务上,给予低收入人群一定的优惠政策,如降低使用费用,延长使用时间。

其次,做好自行车道与公共交通的换乘接驳。公共交通作为低收入人群自行车出行方式转换的主要机动化交通方式,占比 18.5%(详细分析见第 5 章 5.3.2 节),需要考虑两者之间的换乘。但从平均速度、相对大小和停车模式考虑,公共交通(汽电车)站台和自行车不适合共享道路空间。可考虑"浮岛式"公交站台,在"浮岛式"站台的设计中,自行车道设在站台的后面,公交站设置在一个高出地面的混凝土岛上,与这个保护区域之外的自行车道无缝衔接。自行车道与公共交通换乘接驳站台如图 7-4 所示。

图 7-4 自行车道与公共交通换乘接驳站台示意图

第8章 基于供给侧的城市低收入人群交通改善策略

8.1 概述

通过第 5 章低收入人群出行方式特征的分析看出，公共交通是低收入人群出行选择的主要机动化方式，南京市的比例占 20.3%，抚顺市的比例占 33.8%。公共交通作为提高低收入人群出行机动性的重要途径，但是不同的出行者在选择公共交通服务时存在异质性，针对性的供给对策能更有效地提高机动性。如何识别不同的出行子市场，制定差别化的出行供给对策，是本章重点关注的问题。

市场细分(Market Segmentation)是研究出行行为的重要方法[80]-[82]。不同特征的出行者或出行活动被认为是不同的子市场。以往的出行市场划分多是基于个体属性或出行距离等。但是这些细分方法无法解释具有相同社会经济属性或出行属性的出行者在某些出行行为上表现的不同，甚至出现相反的情况。如马(Ma)[83]和鲜于(Xian-yu)[84]发现高收入人群更多地进行复杂出行链，而华莱士(Wallace)[85]则认为高收入的出行者进行复杂出行链的意愿较低。迪尔(Dill)和弗罗斯(Voros)[86]的研究表明男性更倾向于自行车出行，但是威特洛克斯(Witlox)和廷德曼斯(Tindemans)[32]提出女性更倾向于自行车出行。

近年来，基于态度变量的市场细分研究受到越来越多的关注。安纳布尔(Anable)[87]指出基于态度的市场细分在识别潜在出行方式转换者方面具有重要意义，然而社会经济属性与细分市场的关系很小，态度变量在识别市场时具有较大的优势。奥特沃特(Outwater)等[68]和施弗坦(Shiftan)等[88]得出结论认为基于态度的市场细分在识别公共交通潜在出行者和制定有效的对策以提高公共交通分担率方面比较有用。阿塔索伊(Atasoy)等[77][78]将心理特征指标纳入离散选择模型中对出行者进行市场细分，认为不同出行者在出行方式选择行为方面表现异质性。普罗内洛(Pronello)等[89]通过探索性因子分析提取态度潜变量,然后再用聚类分析将出行市场分成 6 个子市场,并对不同市场提出了针对性的交通改善措施。李(Li)等[73]以态度变量为市场细分变量,用 K-means 法对出行者市场进行细分,从而得到自行车使用意向具有显著差异的子市场,发现潜在的方式转移者。斯蒂格(Steg)等[90]-[92]、加德纳(Gardner)和亚伯拉罕(Abraham)[93]、安纳布尔(Anable)和加特斯莱本(Gatersleben)[94]的关于动机(Motivation)和情感(Affection)的分析以及对出行方式选择影响的研究也支持认为潜变量在影响出行方式选择时具有显著的作用,甚至超越社会经济属性等外在变量。

基于市场细分的方法以提高公共交通的分担率也早已有研究,美国交通运输委员会(Transportation Research Board,TRB)在 1998 年出版手册 *Using Market Segmentation to Increase Transit Ridership* 对公交分担率提升对策中,对市场细分方法的步骤和流程进行了详细介绍[95]。吉利亚诺(Guiliano)和海登(Hayden)[96]分析了一系列提高公共交通获得政府资助的手段,其中就包括消费者细分对策以更好地服务交通出行者。澳特沃特(Outwater)等[68]基于时间敏感性、可靠性需求和环保意识 3 个变量将公共轮渡细分成 8 个子市场,并对子市场的出行者态度特征和社会经济属性特性进行了分析。施弗坦(Shiftan)等[88]运用结构方程的方法分析了出行态度和出行行为的联系,以及出行者个体社会经济属性对出行态度的因果关系,同时基于主观态度进行公共交通的市场细分,以提供更好的出行服务。

综上所述,基于社会经济属性等外在显变量的市场细分会过分简化子市场的结构特征,而主观态度具有较高的细分能力。但是以往的研究多是分析城市中全部出行群体,不同社会阶层的出行者对出行对策的反应不同,会降低交通对策的有效性。

本章将市场细分运用于低收入人群的公交出行特征挖掘,识别不同的出行子市场,从而针对不同的细分群体,从供给侧层面上提出更有效的公交出行改善对策,提高出行机动性。首先,介绍了公交出行样本的社会经济属性特征;其次,给出基于主观态度的市场细分模型,并对低收入人群出行市场进行划分;再次,统计了不同细分子市场的出行特征、社会经济属性特征和主观态度特征;最后，针对不同的子市场，提出了差异化的公交出行改善对策。

8.2 基于主观态度的市场细分模型

8.2.1 样本特征

低收入人群市场细分的数据来源于2014年抚顺市居民出行意向调查，共涉及构建主观态度变量的21个指标问题，指标问题描述见于第6章。

在1 973份有效问卷中，公交出行者有923个样本，占比46.78%，非公交出行者有1 050个样本，占比53.22%。相较于非公交出行者，公交出行者的家庭规模较小，3人及以下占84.5%；自行车、电动车和小汽车等交通工具拥有率低，59.8%的家庭没有自行车，91.0%的家庭没有电动车，82.1%的家庭没有小汽车。选择公交出行的女性比例较大，占54.7%；公交出行者中驾照拥有率低(19.3%)，但公交卡拥有率高(66.3%)，受教育程度高，年龄段集中在25～49岁。表8-1给出了总体样本、公交出行样本和非公交出行样本特征的描述性统计结果。

表 8-1　公交出行样本的社会经济属性特征

属性	描述	总体样本 (N=1 973)	公交出行样本 (N=923)	非公交出行样本 (N=1 050)
家庭规模（人/家庭）	3人及以下	82.4%	84.5%	80.7%
	3人以上	17.6%	15.5%	19.3%
自行车拥有率（辆/家庭）	没有	56.1%	59.8%	52.8%
	1辆	34.8%	33.2%	36.2%
	2辆及以上	9.1%	7.0%	11.0%
电动车拥有率（辆/家庭）	没有	89.6%	91.0%	88.3%
	1辆	9.4%	8.2%	10.5%
	2辆及以上	1.0%	0.8%	1.2%
小汽车拥有率（辆/家庭）	没有	76.3%	82.1%	71.4%
	1辆	22.2%	16.8%	26.8%
	2辆及以上	1.5%	1.1%	1.8%

续表

属性	描述	总体样本 ($N=1\,973$)	公交出行样本 ($N=923$)	非公交出行样本 ($N=1\,050$)
性别	女	51.4%	54.7%	48.7%
	男	48.6%	45.3%	51.3%
驾照拥有率	没有	78.0%	80.7%	75.6%
	有	22.0%	19.3%	24.4%
公交卡拥有率	没有	52.8%	33.7%	69.5%
	有	47.2%	66.3%	30.5%
年龄	24岁及以下	56.0%	53.2%	58.4%
	25~49岁	42.6%	45.9%	39.7%
	50岁及以上	1.4%	0.9%	1.9%
受教育程度	初中及以下	41.4%	27.5%	53.5%
	高中及中专	43.8%	55.6%	33.4%
	大专、本科及以上	14.8%	16.9%	13.1%

8.2.2 市场细分建模流程

基于主观态度的出行市场细分建模的流程主要包括以下 4 个步骤：

第 1 步：基于因子分析确定态度潜变量。首先需要探索问卷表格中指标问题间的结构关系，通过被调查者的指标打分，利用因子分析的方法确定低收入人群的主观态度变量。提取出的态度变量作为第 2 步中的输入变量。

第 2 步：基于结构方程模型分析潜变量与公交出行间的关系。建立结构方程模型，估计指标变量与提取出的态度潜变量间的关联系数（测量模型），估计主观态度变量和公交出行强度之间的关联系数（结构模型）。最终得到的一系列结构回归系数和测量因子得分，将作为第 3 步聚类变量选取的依据。

第 3 步：利用聚类分析将出行市场进行细分。通过聚类分析的方法将低收入人群出行市场进行细分，会得到具备不同主观态度特征的子市场。在每个子市场内，出行者具有相似的出行偏好。

第 4 步：出行子市场的特征分析。分析不同低收入人群出行子市场的经济社会属性特征、态度特征和出行特征,作为提出针对性公交服务改善建议的基础。

总体流程如图 8-1 所示。

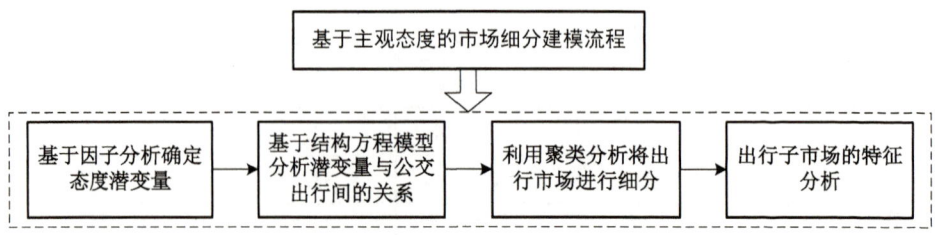

图 8-1 基于主观态度的市场细分建模流程

(1) 因子分析

因子分析(Factor Analysis)是用于分析自变量间潜在结构关系的多元统计分析方法。以研究指标相关矩阵的内部依赖关系为出发点,把信息重叠、具有复杂错综关系的变量归纳为少数几个不相关的综合因子。通过研究多个变量间相关系数(协方差矩阵)的内部依赖关系,找出可以综合所有变量的少数几个随机变量,这几个变量是不可测量的,也就是因子。然后根据相关性的大小把变量分组,使得同组内变量之间的相关性较高,但不同组变量之间不相关或相关性较低。各个因子互不相关,所有变量均可以表示成公因子的线性组合。因子分析的作用就是减少变量的数目,用少数因子代替所有变量去分析整个问题。在本研究中,通过对低收入人群的 21 个指标问题进行因子分析,获得潜在态度变量,同时保留对原始指标问题的解释能力。

设有 N 个样本,P 个指标,$X = (X_1, X_2, \cdots, X_p)^T$ 为随机向量,要寻找的公因子是 $F = (F_1, F_2, \cdots, F_m)^T$,因子分析的数学模型可以表述为:

$$\begin{cases} X_1 = a_{11}F_1 + a_{12}F_2 + \cdots + a_{1m}F_m + \varepsilon_1 \\ X_2 = a_{21}F_1 + a_{22}F_2 + \cdots + a_{2m}F_m + \varepsilon_2 \\ \quad\quad\quad\quad\quad \vdots \\ X_p = a_{p1}F_1 + a_{p2}F_2 + \cdots + a_{pm}F_m + \varepsilon_p \end{cases} \quad (8\text{-}1)$$

矩阵 $A = (a_{ij})$ 称为因子载荷矩阵，a_{ij} 为因子载荷(Factor Loading)，其实质就是公因子 F_i 和变量 X_j 的相关系数。ε 为特殊因子，代表公因子以外的影响因素，实际分析中可忽略不计。

因子分析有探索性因子分析(Exploratory Factor Analysis，EFA)和验证性因子分析(Confirmatory Factor Analysis，CFA)两种，基本思想都是要寻找公共因子，以达到降维的目的。两者的不同体现在：探索性因子分析是为了找出影响指标变量的因子个数，以及各个因子和各指标变量的相关程度，试图解释一套相对较大的变量的内在结构。而验证性因子分析的主要目的是决定事先定义因子的模型拟合实际数据的能力，以试图检验指标变量的因子个数和因子载荷是否与预先建立的理论的预期保持一致。由于验证性因子分析使用的范围很广泛，大大超越了传统探索性因子分析用来简化数据或抽取因子的单纯目的，验证性因子分析可以用来检验抽象概念或潜在变量的存在与否，评估测验工具的数据信度与效度，并且检验特定理论假设下的因子结构。相较于探索性因子分析，验证性因子分析用于估计潜变量间的结构效度(Construct Validity)更加稳健，也能够验证数据的因子结构关系，得到的结果往往更加合理。因此本节考虑使用验证性因子分析的方法确定主观态度潜变量。

验证性因子分析的结果如表 8-2 所示，给出了因子载荷系数、标准差和相应的 T 检验值，每个潜变量都可表示成指标问题的线性组合。共确定 6 个主观态度变量，问题 1 至问题 3 表示舒适性需求，问题 4 至问题 7 表示方便性需求，问题 8 至问题 10 表示可靠性需求，问题 11 至问题 15 表示灵活性需求，问题 16 至问题 18 表示安全意识，问题 19 至问题 21 表示环保意识。

验证性因子分析的拟合结果相关评价指标描述如下：①近似均方根误差(Root Mean Square Error of Approximation，RMSEA)：RMSEA 系数不受样本数与模型复杂度的影响，当模型趋近于完美拟合时，RMSEA 指数接近 0，实际情况中小于 0.05 即可，本例中的 $RMSEA = 0.046$；②不规范拟合指数(Non-Normed Fit Index，NNFI)：NNFI 指数不受小样本数据和高自由度的影响，NNFI 大于 0.90 可视为具有理想的拟合优度，本例中的 $NNFI = 0.96$；③比较拟合指数(Comparative Fit Index，CFI)：CFI 指数反映了理论模型与无任何共变关系的独立模型差异程度的量数,CFI 大于 0.90 即可认为具有较好的拟合优度,本例中的 $CFI = 0.96$；④拟合优度指数(Goodness of Fit Index, GFI):GFI 表示假设模型可以解释数据的能力,GFI 大于 0.90 可认为拟合优度较高,本例中的 $GFI = 0.93$,表示 93% 的数据共变关系(Co-Variation)可以由该模型解释。以上指标均反映了模型的拟合优度较佳,也就是说 6 个主观态度变量可以保留对原始指标问题的解释能力。

在这里需要指出的是,本小节的验证性因子分析结果与第 6 章的多指标多原因模型中表 6-9 的结果中因子载荷的系数值有些差异,是因为本小节中考虑了各主观态度潜变量间的相关关系,而多指标多原因模型是分别对各个潜变量单独进行模型标定。但因子载荷系数的相对大小和显著性检验结果都相同。详细来说,两个模型结果都显示各因子载荷都是正值且显著,也就是说各指标变量均对主观态度的构建有影响。其次,在两个模型结果中,各主观态度潜变量的因子载荷的相对大小一致:问题 3 对舒适性需求的重要性较大,问题 6 对方便性需求的重要性较大,问题 9 对可靠性需求的重要性较大,问题 13 对灵活性需求的重要性较大,问题 17 对安全意识的重要性较大,问题 21 对环保意识的重要性较大。

表 8-2 验证性因子分析结果

主观态度	指标问题	因子载荷系数	标准差(SD)	T值
舒适性需求 (Comf)	$Quiet(x_1)$	1.00	—	—
	$Rest(x_2)$	0.80	0.04	19.20
	$Nocrowd(x_3)$	1.21	0.05	25.45
方便性需求 (Conv)	$Notransfer(x_4)$	1.00	—	—
	$Nowait(x_5)$	1.00	0.03	35.39
	$Fast(x_6)$	1.05	0.03	38.68
	$Nohurry(x_7)$	0.95	0.03	32.14
可靠性需求 (Rel)	$Controltime(x_8)$	1.00	—	—
	$Knowtime(x_9)$	1.11	0.03	32.94
	$Ontime(x_{10})$	1.05	0.03	29.65

续　表

主观态度	指标问题	因子载荷系数	标准差(SD)	T值
灵活性需求 (Flex)	$Shopping(x_{11})$	1.00	—	—
	$Childschool(x_{12})$	1.20	0.04	28.37
	$Childplay(x_{13})$	1.22	0.04	31.32
	$Exercise(x_{14})$	1.12	0.04	27.90
	$Moreroute(x_{15})$	0.58	0.04	15.85
安全意识 (Safe)	$Speed(x_{16})$	1.00	—	—
	$Safebelt(x_{17})$	1.07	0.03	32.38
	$Redlight(x_{18})$	0.57	0.02	23.67
环保意识 (Env)	$Air(x_{19})$	1.00	—	—
	$Change(x_{20})$	1.03	0.04	22.88
	$Protect(x_{21})$	1.17	0.04	22.77

（2）结构方程模型

出行者的主观态度作为潜变量，无法直接观测。结构方程模型作为一种参数线性多元统计模型能有效地用于分析潜变量对出行行为的影响。

考虑主观态度潜变量具有评价性，结合第 6 章中离散选择模型标定结果，在模型预设时假设舒适性需求、方便性需求和灵活性需求对公交出行具有负向作用，而可靠性需求、安全意识和环保意识对公交出行具有正向作用。表 8-3 给出模型预设时各原因变量和结果变量的作用机制。

表 8-3　结构方程模型中变量因果关系的基本假设

序号	原因变量	结果变量	作用机制
1	舒适性需求	公交出行分担率因子	负作用
2	方便性需求	公交出行分担率因子	负作用
3	可靠性需求	公交出行分担率因子	正作用
4	灵活性需求	公交出行分担率因子	负作用
5	安全意识	公交出行分担率因子	正作用
6	环保意识	公交出行分担率因子	正作用

基于主观态度的市场细分中,含潜变量的结构方程模型由三套同时估计的联列方程构成,即两个外源变量间的测量模型和一个外源变量与内生变量间的结构模型。测量模型用于分别建立"主观态度"与其指标问题,以及"公交出行分担率因子(Transit factor)"与其指标变量公交出行分担率(Transit)之间的函数关系;结构模型用于描述"主观态度"与"公交出行分担率因子"之间的因果关系。整体的结构方程模型框架如图8-2所示。

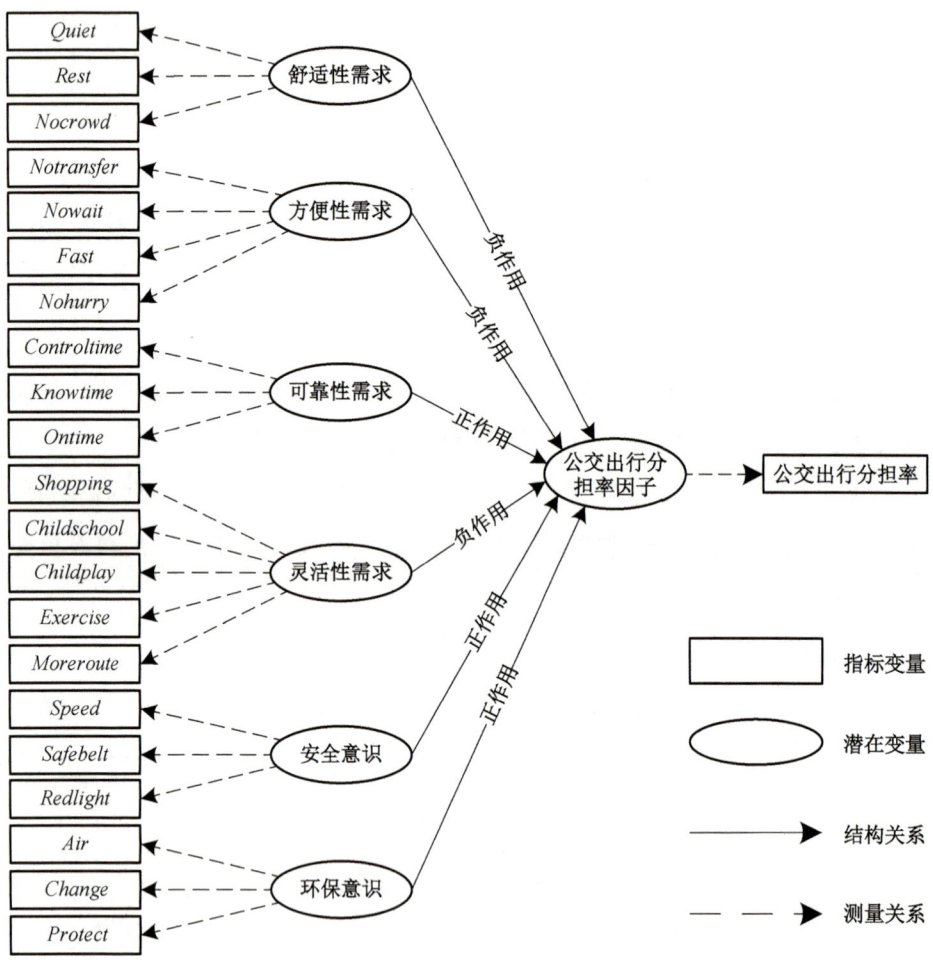

图 8-2 结构方程模型框架图

使用 Lisrel 8.8 软件同时估计结构方程模型的测量模型部分和结构模型部分。最终得到的模型的拟合优度指标如下所示：

① 近似均方根误差 $RMSEA = 0.045 < 0.05$；

② 不规范拟合指数 $NNFI = 0.95 > 0.90$；

③ 比较拟合指数 $CFI = 0.96 > 0.90$；

④ 拟合优度指数 $GFI = 0.91 > 0.90$。

这些指标都反映最终模型是可以接受的。

标定结果中测量模型（潜变量与指标变量）的标准化因子载荷如表 8-4 所示，所有载荷的 T 检验值均在 95% 置信水平下呈显著性，显著性和变量的相对重要程度与验证性因子分析的结构基本一致（见表 8-2）。这些因子载荷将用于计算每一位被调查的低收入人群的出行主观态度值。

表 8-4 测量模型的标准化因子载荷

Index	Transitfactor	Comf	Conv	Rel	Flex	Safe	Env
Transit	0.95						
Quiet		0.67					
Rest		0.57					
Nocrowd		0.89					
Notransfer			0.83				
Nowait			0.82				
Fast			0.89				
Nohurry			0.76				
Controltime				0.78			
Knowtime				0.87			
Ontime				0.79			
Shopping					0.73		
Childschool					0.78		
Childplay					0.88		
Exercise					0.76		

续表

Index	Transitfactor	Comf	Conv	Rel	Flex	Safe	Env
$Moreroute$					0.43		
$Speed$						0.85	
$Safebelt$						0.92	
$Redlight$						0.65	
Air							0.73
$Change$							0.73
$Protect$							0.75

结构模型(潜变量间)的标准化路径系数如表 8-5 所示,有两个路径系数影响不显著(95% 置信水平),分别是灵活性需求($Flex$)和安全意识($Safe$)。灵活性需求对公交出行分担率的影响不显著,这与第 6 章的结论"灵活性需求对出行者交通方式选择的影响不显著"保持一致;安全意识对公交出行分担率影响也不显著。其余 4 个路径系数对公交出行影响显著(95% 置信水平),分别是舒适性需求($Comf$)、方便性需求($Conv$)、可靠性需求(Rel)和环保意识(Env)。舒适性需求、方便性需求对公交出行有显著负影响,而可靠性需求和环保意识对公交出行有显著正影响,这与预期的作用机制相符合。标准化路径系数的显著性将作为下文聚类分析中选择细分变量的基础依据。

通过结构方程模型的结果也可以发现,公共交通可以提供可靠和环保的出行服务,但在出行舒适性和方便性上处于劣势。

表 8-5　结构模型的标准化路径系数

	Comf	Conv	Rel	Flex	Safe	Env
$Transit factor$	-0.10 (0.004)	-0.06 (0.040)	0.24 (0.000)	-0.01 (0.284)	0.05 (0.078)	0.10 (0.002)

注:括号里表示显著性检验 p 值。

(3) 聚类分析

有些研究是基于分类变量直观地将样本分成不同的子群体,如老年人和青年人、公交支持者和小汽车支持者等。但这些细分都是研究者主观判断的结果,有时无法反应样本的本质特征。其他研究基于统计学中聚类的方法,如 K-means 聚类,对出行市场进行细分,并且得出结论认为统计聚类的方法能有效地提取同质化的出行者,获得不同的出行市场。因此,本研究也采用 K-means 聚类方法以细分低收入人群出行市场。

K-means 聚类首先需要给定聚类数目 k,然后将待分析的 n 个样本划分为 k 个聚类,以使得所获得聚类结果满足同一聚类中的样本相似度高,而不同聚类中的样本相似度较小。聚类相似度是通过各聚类中心对象的均值获得一个"中心对象"(也称为"引力中心")来计算。数学中的表述为:将 n 个样本的数据 $x_j(j=1,2,\cdots,n)$ 分成 k 个类别 $G_i(i=1,2,\cdots,k)$,求得每类的聚类中心 c_i,使得目标函数值最小。用 $d(x_j-c_i)$ 表示 G_i 中样本数据 x_j 到其聚类中心 c_i 的距离,目标函数可以表示为:

$$J = \sum_{i=1}^{k} J_i = \sum_{i=1}^{k} \sum_{i,x_j \in G_i} d(x_j - c_i) \tag{8-2}$$

式中,$J_i = \sum_{i,x_j \in G_i} d(x_j - c_i)$ 是类别 G_i 的目标函数,J_i 的值依赖于 G_i 的几何特征与 c_i 的位置。通常情况下,用欧几里德距离作为距离的指标,也就是 $d(x_j - c_i) = \| x_j - c_i \|^2$。

K-means 聚类计算流程为:首先,从 n 个样本中任意选择 k 个样本作为初始的聚类中心;其次,其他的样本则逐一计算到各个聚类中心的距离,把各个样本按照距离最近的原则归入各个类别,并计算新形成聚类的中心;再次,按照新的中心位置,重新计算各个样本距离新的聚类中心点的距离,并重新进行归类,更新类别中心点;最后,不断重复上一步骤直至标准测度函数收敛。一般采用均方差作为标准测度函数。聚类结果的类别数量不能太多也不能太少,太多意味着出行子市场过于异质化难以做深入分析;太少意味着聚类没有发现具有不同主观态度的低收入人群。聚类分析的原则是:各聚类本身应尽可能紧凑,而不同聚类间尽可能分开,更为重要的是所得聚类结果合理并有意义。

在本研究中,选取 3 个变量作为分类变量,分别是舒适性需求、可靠性需求和环保意识。选取这 3 个变量的原因有:①对公交出行分担率因子影响系数最大,可靠性需求系数是 0.24,环保意识系数是 0.10,舒适性需求系数是 −0.10(见表 8-5);②统计信度最高,由结构方程模型结果中的复相关系数 (Squared Multiple Correlation,R-squared)可以看出,可靠性需求的 R-squared 系数值是 0.78,环保意识的 R-squared 系数值是 0.53,舒适性需求的 R-squared 系数值是 0.45。

为了消除变量间的量纲影响,方便进行综合对比评价,需要对 3 个指标变量进行标准化处理。经过标准化处理,原始数据均转换为无量纲化指标测评值,即各个变量都处于同一个数量级别上,具有可比性。采用极差法对主观态度变量进行[0-5]标准化处理。极差法是对原始数据的线性变换,首先计算指标值的最小值、最大值和极差。通过极差法将指标值映射到[0-5]之间,公式可表达:

$$x^* = \frac{x - \min}{\max - \min} \times 5.0 \tag{8-3}$$

式中,x^* 是标准化处理后得到的新数据,x 是原始数据,max 和 min 分别表示指标值的极大值和极小值。

设置低收入人群出行细分市场的数目 k 从 2 类至 8 类,根据上文提出的聚类原则并比较聚类分析指标,最终认为 $k=5$ 时,聚类结果最为理想。1 973 个样本被分成 S1~S5 等 5 个细分子市场,不同的子市场都有相当数量的样本,且具有一定代表性,每个子市场的聚类中心位置见表 8-6。

表 8-6 细分子市场的主观态度特征

主观态度	情形	细分子市场				
		S1(N=714)	S2(N=383)	S3(N=359)	S4(N=380)	S5(N=137)
舒适性需求	高		√(4.13)			
	中	√(3.93)		√(3.10)	√(2.60)	
	低					√(1.27)
可靠性需求	高	√(4.53)				
	中		√(3.78)	√(2.72)	√(3.34)	
	低					√(1.20)

续 表

主观态度	情形	细分子市场				
		S1(N=714)	S2(N=383)	S3(N=359)	S4(N=380)	S5(N=137)
环保意识	高	√(4.41)		√(4.16)		
	中		√(2.59)		√(2.66)	
	低					√(1.87)

注：N 为子市场的样本量；√表示聚类中心属于"高"、"中"或"低"；括号中的数值为该子市场在某一维度的聚类中心，得分 0~2.5 为低，2.5~4 为中，>4 为高。

用于分类的主观态度变量的单因素方差分析结果见表 8-7。从表中可以看出哪些变量在各子市场间的差异具有统计学意义，并根据 F 值的大小可以得到哪个变量在聚类分析中的作用更大。在本研究中，各分类变量对聚类结果的重要程度排序为：可靠性需求＞环保意识＞舒适性需求。

表 8-7　分类变量的单因素方差分析

变量	均方值(Mean Square)	自由度(df)	F 值	显著性(Sig)
舒适性需求	324.569	4	551.246	0.000
可靠性需求	483.920	4	1 086.095	0.000
环保意识	424.161	4	949.494	0.000

为了更直接地对比不同子市场的主观态度特征，将每个子市场的聚类中心位置进行 z-score 标准化，又称为"标准差标准化"，经过处理后的数据符合标准正态分布，即均值为 0，标准差为 1，其转化函数为：

$$x^* = \frac{x-u}{\sigma} \tag{8-4}$$

式中，x^* 是标准化处理后得到的新数据，x 是原始数据，u 和 σ 分别表示指标值的均值和标准差。经转换后的细分子市场的主观态度特征如图 8-3 所示。

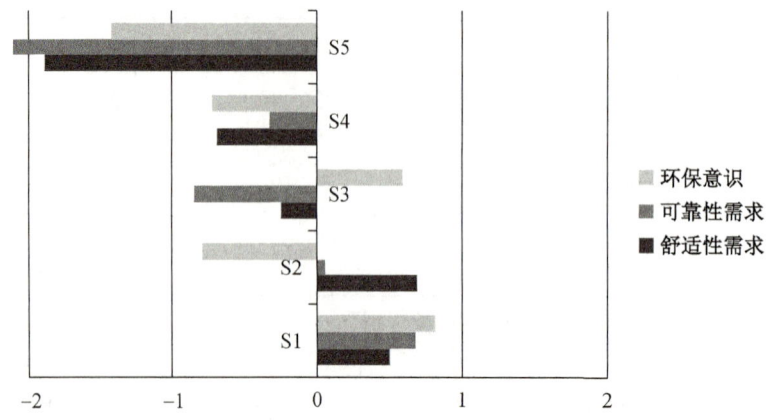

图 8-3　标准化处理后细分子市场的主观态度特征

参照表 8-6 和图 8-3,根据市场细分的分类变量特征,可以得到不同细分子市场的主观态度特征:

S1 子市场:该子市场的舒适性需求中等,而可靠性需求和环保意识较高。

S2 子市场:该子市场的舒适性需求较高,可靠性需求和环保意识中等。

S3 子市场:该子市场的舒适性需求和可靠性需求中等,而环保意识较高。

S4 子市场:该子市场的舒适性需求、可靠性需求和环保意识均中等。

S5 子市场:该子市场的舒适性需求、可靠性需求和环保意识均较低。

8.3　基于机动性提升的有效供给策略

8.3.1　细分子市场的特征

(1) 出行特征

细分子市场的出行特征如表 8-8 所示,S1 子市场和 S3 子市场选择公交出行的样本人群数量较多,分别占 59.2% 和 52.6%;S4 子市场和 S5 子市场选择公交出行的样本量中等,分别占 45.7% 和 43.4%;但是 S2 子市场选择公交出行的样本量较少,仅为 39.4%。

表 8-8　细分子市场的公交出行情况

	S1(N=714)	S2(N=383)	S3(N=359)	S4(N=380)	S5(N=137)
公交出行样本	59.2%	39.4%	52.6%	45.7%	43.4%
非公交出行样本	40.8%	60.6%	47.4%	54.3%	56.6%

S1 子市场和 S3 子市场中低收入人群的环保意识高，公交出行具有优势。此外，两个子市场中样本的舒适性需求中等，避开了公交出行的劣势，所以这两个市场中公交出行的比例较大。S1 子市场比 S3 子市场样本选择公交出行的比例更大，是因为 S1 子市场样本可靠性需求大于 S3 子市场。S1 和 S3 子市场中的公交出行者可称为"坚定的公交出行者(Firm Transit Users)"，公共交通可以完全满足他们的出行需求。S1 和 S3 子市场中的非公交出行者可称为"潜在的公交出行者(Potential Transit Users)"，因为这部分人群容易转移至公共交通出行。

S2 子市场中低收入人群的舒适性需求高，而可靠性需求和环保意识中等，这些都是公共交通无法满足的，因此 S2 子市场中公交出行比例最低，可称为"坚定的非公交出行者(Firm Non-transit Users)"。

S4 和 S5 子市场的舒适性需求、可靠性需求和环保意识没有明显的差异，S4 子市场都是中等，S5 子市场均较低。这两个子市场中人群的出行方式选择没有明显的倾向，称为"潜在的市场转移者(Potential Market Switchers)"。如果向 S1 和 S3 市场转移，则更多地使用公共交通出行；如果向 S2 转移，则市场中现有公交出行者将转移至其他出行方式。交通政策的制定应引导 S4 市场和 S5 市场中的人群向公共交通使用者转移。

(2) 社会经济属性特征

本研究采用卡方检验(Chi-square Test，χ^2 Test)的方法来分析不同子市场间的社会经济属性特征是否存在显著差异。

卡方检验属于非参数检验的范畴，主要是比较两个及两个以上样本率(构成比)以及两个分类变量的关联性分析。其根本思想在于比较期望频数和实际频数的吻合程度，零假设 H_0 是：不同子市场的社会经济属性特征没有差别。检验过程为：首先假设 H_0 成立，计算出 χ^2 值，它表示观察值与期望值之间的偏离程度。根据 χ^2 分布及自由度可以确定在 H_0 成立的情况下获得当前统计量的概率 p。如果 p 值很小,说明观察值与期望值偏离程度太大,应该拒绝零假设,也就是说不同子市场的社会经济属性存在显著差异。以 r 和 c 表示列联表的行和列,表格中子格的期望值 $E_{i,j}$ 计算为:

$$E_{i,j} = \frac{(\sum_{n_c=1}^{c} O_{i,n_c}) \times (\sum_{n_r=1}^{r} O_{n_r,j})}{N} \tag{8-5}$$

式中,O_{i,n_c},$O_{n_r,j}$ 表示子格的观察值;N 是样本总量。χ^2 值计算为:

$$\chi^2 = \sum_{i=1}^{r} \sum_{j=1}^{c} \frac{(O_{i,j} - E_{i,j})^2}{E_{i,j}} \tag{8-6}$$

卡方检验概率小于 0.05 即可拒绝零假设,认为不同子市场的特征属性存在显著差异,卡方检验的应用前提是每个子格中的期望值均大于 5。

经检验,样本数据符合卡方检验的条件,卡方检验的结果如表 8-9 和表 8-10 所示。家庭属性特征中只有小汽车拥有率在子市场间有明显的差异,家庭规模、自行车拥有率、电动车拥有率没有明显的差异。S1 和 S3 子市场中的小汽车拥有率较低,而 S2 子市场的小汽车拥有率较高,这与第 6 章中离散选择模型结论"小汽车拥有率的增加会降低公共交通的使用概率"保持一致。

表 8-9 细分子市场的家庭属性检验

属性		S1(N=714)	S2(N=383)	S3(N=359)	S4(N=380)	S5(N=137)	χ^2检验
家庭规模	3 人及以下	81.5%	80.7%	83.3%	83.4%		4.019(0.381)
	3 人以上	18.5%	19.3%	16.7%	16.6%		
自行车拥有率	没有	54.7%	58.2%	49.6%	57.3%		12.49 (0.130)
	1 辆	35.8%	32.4%	41.2%	33.5%		
	2 辆及以上	9.5%	9.4%	9.2%	9.2%		
电动车拥有率	没有	83.9%	90.1%	89.4%	89.5%		7.48 (0.486)
	1 辆	14.6%	8.6%	9.8%	10.0%		
	2 辆及以上	1.5%	1.3%	0.8%	0.5%		

续表

属性		S1(N=714)	S2(N=383)	S3(N=359)	S4(N=380)	S5(N=137)	χ^2检验
小汽车拥有率	没有		77.5%	71.8%	79.1%	74.2%	18.08 (0.021)
	1辆		21.4%	27.2%	18.4%	24.5%	
	2辆及以上		1.1%	1.0%	2.5%	1.3%	

不同子市场的个体属性除驾照拥有率外均存在显著差异,见表8-10。性别变量上,S1和S3子市场的女性比例较高,这是因为女性人群更多地选择公共交通出行。公交卡拥有率上,S1和S3子市场的公交卡拥有率高,导致选择公交出行的比例大。此外,S1和S3子市场中的人群年龄偏小,受教育程度偏高,都与第4章中"年龄对公交出行具有负作用、受教育程度对公交出行具有正作用"的研究结论一致。这也证明了聚类结果的合理性和科学性。

表8-10 细分子市场的个人属性检验

属性		S1(N=714)	S2(N=383)	S3(N=359)	S4(N=380)	S5(N=137)	χ^2检验
性别	女	52.1%	48.3%	53.5%	52.4%		13.61 (0.040)
	男	47.9%	51.7%	46.5%	47.6%		
驾照拥有率	没有	81.0%	82.2%	76.0%	74.4%		8.28 (0.131)
	有	19.0%	17.8%	24.0%	25.6%		
公交卡拥有率	没有	57.9%	48.7%	54.5%	52.0%		12.17 (0.043)
	有	42.1%	51.3%	45.5%	48.0%		
年龄	24岁及以下	60.8%	47.1%	63.2%	60.0%		43.98 (0.000)
	25~49岁	37.0%	51.0%	35.1%	40.0%		
	50岁及以上	2.2%	2.0%	1.7%	0.0%		
受教育程度	初中及以下	39.1%	51.8%	34.5%	40.3%		43.82 (0.000)
	高中及中专	41.7%	37.9%	49.9%	48.4%		
	大专、本科及以上	19.2%	10.3%	15.7%	11.3%		

从上表发现,人群的社会经济属性有时不能反映不同子市场的差异性,如家庭规模较大(3人以上)的人群既有可能选择公交出行(S1子市场),也有

可能选择其他交通方式(S2 子市场);再如驾照拥有率较高的人群既有可能属于"潜在的市场转移者"(S4 子市场),也有可能属于"坚定的公交出行者"(S3 子市场)。说明基于态度变量的出行市场细分比基于社会经济属性的市场细分更有优势,该结论也与澳特沃特(Outwater)等[68]、安纳布尔(Anable)[87]和施弗坦(Shiftan)等[88]的研究相符。

(3) 主观态度特征

采用单因素方差分析的方法对比公交出行者和非公交出行者主观态度特征,见表 8-11。不同出行群体在主观态度方面存在显著性差异,低收入公交出行者具有较高的可靠性需求和环保意识,而非公交出行者具有较高的舒适性需求。

表 8-11　公交出行者和非公交出行者的主观态度差异对比

	样本量 N	统计值	舒适性需求	可靠性需求	环保意识
公交出行样本	923	均值	3.26	3.84	3.64
		标准差	1.08	1.15	1.14
非公交出行样本	1 050	均值	3.39	3.62	3.46
		标准差	1.14	1.21	1.14
均值检验		显著性	0.096	0.000	0.048

8.3.2　交通改善策略

公共交通作为提高低收入人群出行机动性的重要途径,通过市场细分的方法可以识别出具有相似主观态度的低收入人群子市场。每个子市场中的出行者在决定是否选择公交出行时具有不同的出行需求,因此在制定公交出行改善对策时要差异化对待。

S1 子市场中的人群出行可靠性需求较高,因此需要提供可靠的公交出行环境,如公交专用车道、公交行驶信号优先等措施。关于提供可靠的公交服务对策已在 7.3.2 节做详细论述。S1 和 S3 子市场中出行者的环保意识也较高,可以投入使用新能源公交车辆,如纯电动车辆和混合动力车辆,推进低碳公交发展。

S2 子市场中出行者对舒适性要求较高,为了满足这部分人群的需求,可以配置大运量的公交车辆改善乘车舒适性,采用灵活动态的运力调配降低高峰时期车辆拥挤程度,采用低底板的车辆降低乘客上下车困难,提供良好的候车环境。

(a) 地底板车辆　　　　　　　　　　(b) 良好的候车环境

图 8-4　改善公交服务舒适性对策

以上的措施在 S4 和 S5 子市场中并不能取得良好的效果,因为这部分的人群没有表现出明显的出行需求。但是,可以通过相应的公众宣传和教育来提高他们的环保意识,以争取转移为公共交通出行者。

 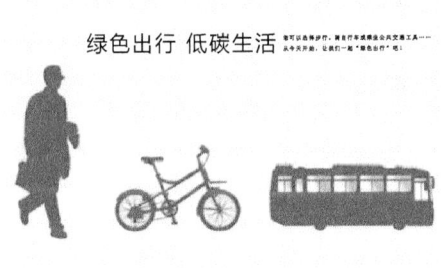

图 8-5　绿色出行宣传

第9章 交通改善策略效果评估方法

9.1 概述

将支持向量机(SVM)理论与敏感性分析方法进行结合,本研究提出基于支持向量机的一维敏感性分析方法,用于预测外界因素(出行环境)改变时,低收入人群出行方式分担率的变化情况,以对出行改善对策做到量化评估。支持向量机是基于结构风险最小化的原则,存在数据过度拟合的可能性小,比传统神经网络模型有较好的泛化能力[97]。此外,相较于传统统计模型存在局部极小值的问题,支持向量机的学习函数是解决二次规划问题,因此解具有全局最小的特征。在处理数据分类问题时,比传统的统计模型有较高的数据拟合和预测能力,因此该方法也可用于低收入人群出行方式选择研究。但支持向量机较多地用于因变量预测,很少地用于分析自变量对因变量的影响。近年来,人工智能的方法逐渐可以实现表达自变量与因变量的关系。一维敏感性分析(One Dimensional Sensitivity Analysis, 1DSA)是常用的方法之一,用于分析自变量改变后,因变量的变化程度[98]。

在此之前,需要研究支持向量机对低收入人群出行方式选择行为分析的适用性,对比支持向量机与传统统计模型(MNL模型)对出行方式选择的预测能力。本章首先给出基于支持向量机的出行方式选择预测建模流程,介绍交叉验证和参数寻优的方法,对模型标定并进行低收入人群出行方式预测,并与MNL模型预测能力进行对比。然后采用基于支持向量机的一维敏感性分析方法对出行对策效果进行预测评价。最后,给出了不同目标导向下的交通政策制定建议。

9.2 基于支持向量机的一维敏感性评估方法

建立支持向量机模型进行低收入人群出行方式选择预测,通过对比支持向量机与传统统计模型(MNL 模型)对出行方式选择的预测能力,以研究支持向量机对出行方式选择行为分析的适用性。

9.2.1 建模流程

假设 $x_i \in R^n$ 是对出行者出行方式选择具有显著影响及决定性作用的变量,$y_i \in R$ 为出行方式选择的预测值,基于支持向量机的出行方式选择预测目标是寻求 x_i 与 y_i 之间的关联关系:

$$\begin{cases} f: R^n \rightarrow R \\ y_i = f(x_i) \end{cases} \quad (9-1)$$

出行者存在个体差异,体现在社会经济属性、活动属性和主观态度感知等方面的不同,但大量的个体之间存在相似性和联系,表现在样本中某些个体的属性特征值表现一致或接近。人群对出行决策存在偏好,但个体属性特征及外界环境条件对其出行决策的作用机理和影响方式存在一定规律。低收入人群出行方式选择行为属于出行决策的范畴,受个体经济社会属性特征、活动属性特征和外界环境条件的共同作用。通过分析大量具有不同属性特征的个体样本的出行方式选择行为,将低收入人群根据其属性特征进行分类,运用支持向量机分类理论预测与样本个体具有相似性的其他个体的出行决策。将对出行方式选择具有显著影响的个体特征属性作为预测模型的输入,即 x_i,将出行方式选择结果作为输出,即 y_i。

基于支持向量机的低收入人群出行方式选择预测流程如图 9-1 所示,具体过程如下:

(1) 选择影响人群出行方式选择的属性参数,对数据进行预处理,构造训练样本数据集。

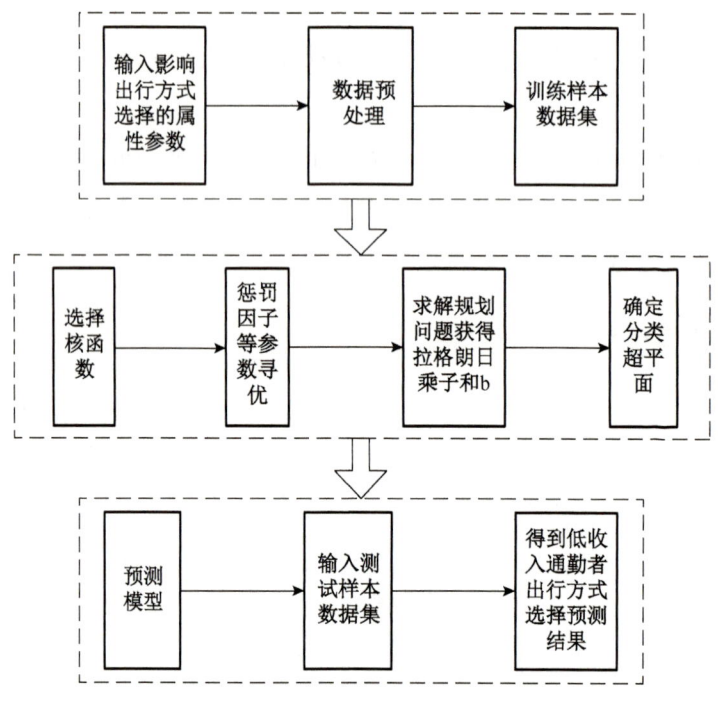

图 9-1 基于支持向量机的出行方式选择预测建模流程

基于第 6 章出行方式选择机理研究结果,选择预测模型的输入为:个体经济社会属性特性(含家庭规模、自行车拥有率、电动车拥有率、小汽车拥有率、性别、职业、驾照拥有率、公交卡拥有率、年龄、受教育程度)、出行活动特征(含出行链个数、总出行时耗、生存型活动时耗)、主观态度属性(含舒适性需求、方便性需求、可靠性需求、安全意识和环保意识)。训练样本数据集为 $x_i = \{x_i^1, x_i^2, \cdots, x_i^{18}\}$。SVM 预测模型的工作过程如图 9-2 所示。

(2) 确定核函数,对训练样本集数据学习,对惩罚因子等参数寻优。

选择径向基核函数(RBF)作为核函数,核函数公式为 $k(x_i, x) = exp\left(-r\dfrac{||x_i - x||^2}{\sigma^2}\right)$。RBF 具有学习性能好、偏差小的优点,需要求解的参数即为惩罚因子 C 和核函数参数 r。

(3) 构造优化问题,具体过程详见第 3 章 3.5 节,对训练样本和预测值进行求解。优化函数公式如下：

$$\max \sum_{i=1}^{n} \alpha_i - \frac{1}{2} \sum_{i,j=1}^{n} \alpha_i \alpha_j y_i y_j x_i^T x_j \tag{9-2}$$

$$s.t. \begin{cases} 0 \leqslant \alpha_i \geqslant C, i=1,\cdots,n \\ \sum_{i=1}^{n} \alpha_i y_i = 0 \end{cases} \tag{9-3}$$

（4）求得由最优解构建的决策函数，用测试样本数据集预测低收入人群出行方式选择。

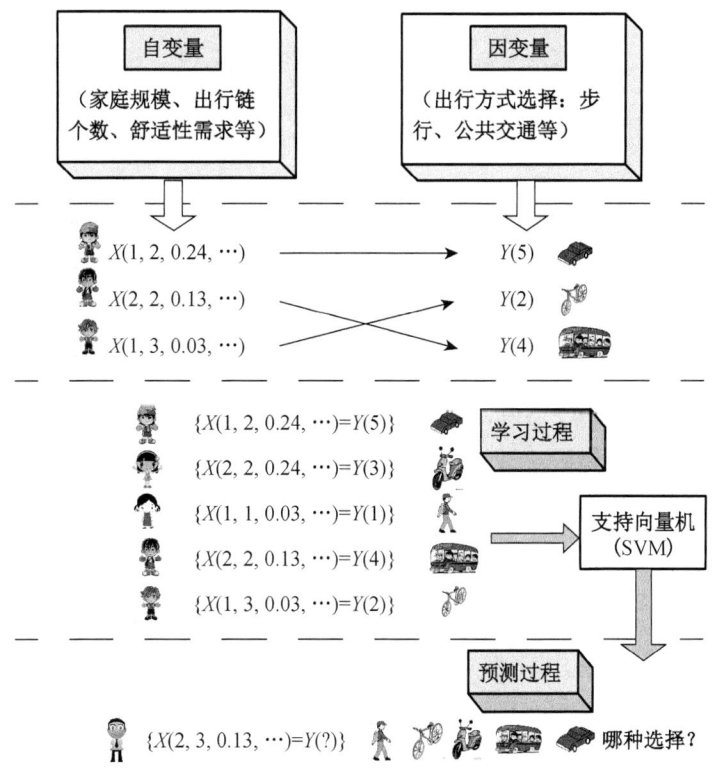

图 9-2　支持向量机的工作过程

9.2.2　交叉验证

交叉验证(Cross Validation,CV)是用来验证分类器性能的一种统计分析方法，基本思想是将原始数据进行分组，一部分作为训练集(Training Set)，另一部分作为验证集(Validation Set)。首先用训练集对分类器进行训练，再利用验证集来测试训练得到的模型，以此来作为评价分类器的性能指标。常用的交叉验证方法有：Holdout验证(Hold-out Method)、K折交叉验证(K-fold Cross Validation，K-CV)、留一验证(Leave-one-out Cross Validation)。本研究采用K折交叉验证的方法，具体是指5折交叉验证，因为K-CV可以有效地避免过学习以及欠学习状态的发生，最后得到的结果也比较具有说服性。该方法工作过程简要介绍如下：

将原始数据均分成5组，将每个子集数据分别做一次验证集，其余的4组子集数据作为训练集，这样会得到5个模型。用这5个模型最终验证集的分类准确率的平均数作为此5-CV下分类器的性能指标。

9.2.3 参数寻优

在对训练样本集学习过程中，需要确定两个参数，即惩罚因子C和核函数参数r。有关SVM参数的优化选取，目前较为常用的参数寻优的方法有：网格搜索(Grid Search)法、遗传算法(Genetic Algorithm, GA)寻优法、粒子群算法(Particle Swarm Optimization, PSO)寻优法等。本研究采用网格搜索的算法，因为网格搜索算法属于启发式算法，它不必遍历区间内所有的参数组也能找到全局最优解。网格搜索法是将待搜索参数在一定的空间范围中划分成网格，通过遍历网格中所有的点来寻找最优参数，这种方法在寻优区间足够大且步距足够小的情况下可以找出全局最优解。

网格搜索法的基本原理就是让C和r在一定的范围内划分网格并遍历网格内所有点进行取值，对于取定的C和r把训练集作为原始数据集利用K-CV方法得到在此组C和r下训练集验证分类准确率，最终取使得训练集验证分类准确率最高的C和r作为最佳的估计参数。当有多组C和r对应于最高的验证分类准确率时，采用的策略是选取能够达到最高验证分类准确率中参数C最小的那组C和r作为最佳的估计参数，如果对应最小的C有多组r，就选取搜索到的第一组C和r作为最佳的参数。这样做的原因是：过高的C会导致过学习状态发生，即训练集分类准确率很高而测试集分类准确率很低(分类器的泛化能力降低),所以在能够达到最高验证分类准确率中的所有成对的 C 和 r 中认为较小的惩罚参数 C 是更佳的选择对象。

9.2.4 模型标定及预测结果

使用 LIBSVM 软件包[99]来进行支持向量机模型的标定,该软件包提供网格寻优算法来进行参数 (C,r) 寻优。本章采用的数据与第 4 章的研究中采用的数据相同,即包含出行主观态度感知数据的 1973 个低收入人群出行个体样本,数据样本描述性统计详见第 4 章内容。事先将总体样本数据按照 4∶1 的比例随机分成训练集(Training Set)和测试集(Testing Set)。为了减少数据随机分配产生的误差,基于支持向量机做了 6 次试验以对低收入人群出行方式选择进行训练和测试。

以第 1 次试验为例,详细介绍 SVM 的训练和测试过程。首先,按 4∶1 的比例将总体数据分成 1 578 个训练集样本和 395 个测试集样本。样本出行方式选择特征如表 9-1 所示。因总体样本中自行车和电动车出行比例较少,训练集和测试集中这两种出行方式所占比例也较少,在训练集中分别占 3.74%、4.44%,在测试集中占 3.29%、3.04%。

表 9-1 样本出行方式选择特征

方式选择	总体样本		训练集		测试集	
	个数	比例	个数	比例	个数	比例
步行	731	37.05%	580	36.75%	151	38.23%
自行车	72	3.65%	59	3.74%	13	3.29%
电动车	82	4.16%	70	4.44%	12	3.04%
公共交通	816	41.35%	653	41.38%	163	41.26%
小汽车	272	13.79%	216	13.69%	56	14.18%
合计	1 973	100.00%	1 578	100.00%	395	100.00%

其次,采用 5 折交叉验证和网格搜索法进行参数 (C,r) 寻优,选择 C 的取值范围是 $[2^{-8},2^{8}]$,r 的取值范围是 $[2^{-8},2^{8}]$,最终结果如图 9-3 所示。当训练集验证分类准确率最高时,$C=147.033\ 4$,$r=0.006\ 8$,此时的训练集验证分

类准确率是 62.29%。这样我们就得到了对训练样本学习过程的模型,该模型是一个结构体,由该结构体中参数可以得到决策函数。

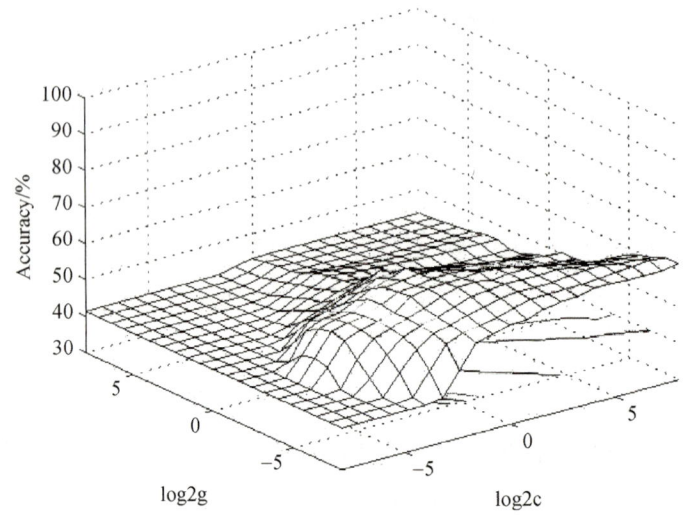

图 9-3　支持向量机参数寻优结果

再次,将该决策函数用于训练集样本数据的分类,详细结果见表 9-2 所示的混淆矩阵(Confusion Matrix),矩阵中行表示预测值,列表示实际值,对角线方向表示准确预测的样本数。通过该表可以看出,整体分类准确率是 67.24%。其中电动车的分类准确率最低,仅为 12.86%。大部分电动车被分类到公共交通中(19 例样本),说明电动车在低收入人群出行方式选择上与公共交通存在同质性,如速度快。自行车的分类准确率也较低,为 16.95%,大部分自行车被分类到步行中(26 例样本),说明自行车在低收入人群出行方式选择上与步行存在同质性,它们同属于慢行交通,具有速度慢、出行灵活等特征。

表 9-2　针对训练集样本的分类情况

	步行	自行车	电动车	公共交通	小汽车	预测值	准确率
步行	419	26	36	101	56	638	72.24%
自行车	0	10	1	0	0	11	16.95%
电动车	0	0	9	1	1	11	12.86%

续表

	步行	自行车	电动车	公共交通	小汽车	预测值	准确率
公共交通	141	20	19	522	58	760	79.94%
小汽车	20	3	5	29	101	158	46.76%
实际值	580	59	70	653	216	1 578	
整体分类准确率 67.24%							

最后,将决策函数用于测试集样本数据的分类。详细结果见表 9-3 所示的混淆矩阵,整体分类准确率是 63.80%。其中电动车的分类准确率最低,大部分电动车都被分类到步行中(7 例样本),说明电动车在低收入人群出行方式选择上与步行也存在同质性,如灵活方便等特征。自行车的分类准确率也较低,为 7.69%,大部分自行车被分类到步行中(7 例样本),说明自行车在低收入人群出行方式选择上与步行存在同质性。

表 9-3 针对测试集样本的分类情况

	步行	自行车	电动车	公共交通	小汽车	预测值	准确率
步行	99	7	7	28	15	156	65.56%
自行车	1	1	0	1	0	3	7.69%
电动车	1	0	0	0	0	1	0.00%
公共交通	41	5	4	129	18	197	79.14%
小汽车	9	0	1	5	23	38	41.04%
实际值	151	13	12	163	56	395	
整体分类准确率 63.80%							

接下来的 5 次试验过程类似,得到的 (C,r) 的最优值汇总如表 9-4 所示。

表 9-4 试验中 (C,r) 的寻优结果

参数	第1次试验	第2次试验	第3次试验	第4次试验	第5次试验	第6次试验
C	147.033 4	48.502 9	256.000 0	84.448 5	27.857 6	48.502 9
r	0.006 8	0.006 8	0.006 8	0.011 8	0.006 8	0.003 9

对训练集样本的分类准确率汇总如表 9-5 所示。6 次试验的准确率平均值

是 68.59%，方差是 5.33。针对测试集样本的分类准确率汇总如表 9-6 所示。6 次试验的准确率平均值是 64.66%，方差是 1.67。可以发现，支持向量机在训练集样本上分类准确率要大于测试集样本。

此外，对于大样本数据，支持向量机有很好的分类能力，如步行和公共交通，两者在测试集准确率分别是 68.96% 和 76.84%。但对于小样本数据，支持向量机的分类能力较差，如自行车和电动车，两者在测试集中准确率仅为 16.34% 和 10.73%。这是因为支持向量机在工作过程中为提高整体分类准确率，会忽视小样本量数据提供的信息。这个问题广泛存在于多分类技术手段中，如分类树、人工神经网络和支持向量机等。

表 9-5　基于训练集样本的 SVM 分类准确率汇总（%）

	步行	自行车	电动车	公共交通	小汽车	总体
第 1 次试验	72.24	16.95	12.86	79.94	46.76	67.24
第 2 次试验	70.46	16.61	24.25	79.06	47.5	67.02
第 3 次试验	74.28	12.43	15.82	81.09	49.97	69.09
第 4 次试验	75.61	26.59	11.10	74.95	47.00	67.06
第 5 次试验	71.65	36.19	22.09	90.08	46.49	73.01
第 6 次试验	73.02	30.6	15.6	79.59	50.04	68.13
平均值	72.88	23.23	16.95	80.79	47.96	68.59

表 9-6　基于测试集样本的 SVM 分类准确率汇总（%）

	步行	自行车	电动车	公共交通	小汽车	总体
第 1 次试验	65.56	7.69	0.00	79.14	41.04	63.80
第 2 次试验	67.06	13.21	20.85	75.66	44.10	63.62
第 3 次试验	71.09	0.00	12.63	77.90	46.78	65.40
第 4 次试验	72.17	23.15	0.00	71.51	45.56	63.62
第 5 次试验	68.33	26.87	18.77	80.76	44.17	66.87
第 6 次试验	69.52	27.10	12.10	76.09	46.54	64.63
平均值	68.96	16.34	10.73	76.84	44.70	64.66

9.2.5 与 MNL 模型预测能力对比

为了对比支持向量机与 MNL 模型在低收入人群出行方式选择的预测能力,基于相同的数据用 MNL 模型也做了 6 次试验,首先用训练集样本数据对 MNL 模型中的参数求解,然后基于求解的参数模型对测试集样本中数据进行预测。6 次试验下来 MNL 模型针对测试集样本的分类准确率如表 9-7 所示。数据分类准确率平均值是 61.94%,方差是 4.82。

表 9-7 基于测试集样本的 MNL 模型分类准确率汇总(%)

	步行	自行车	电动车	公共交通	小汽车	总体
第 1 次试验	65.99	0.00	0.00	72.35	46.34	61.61
第 2 次试验	62.77	11.11	0.00	72.41	42.00	59.49
第 3 次试验	67.09	14.29	5.26	82.17	44.68	65.95
第 4 次试验	68.03	0.00	0.00	70.59	48.78	60.98
第 5 次试验	65.56	7.69	0.00	77.91	41.07	62.48
第 6 次试验	64.40	0.00	0.00	77.76	40.74	61.11
平均值	65.64	5.52	0.88	75.53	43.94	61.94

选取 3 个指标对比支持向量机和 MNL 模型的预测能力,分别是分方式的分类预测准确率、总体预测准确率和平均绝对百分比误差。

(1) 分方式的分类预测准确率

分方式的分类预测准确率(Individual Percentage of Correct Predictions, IPCP)是指某种交通方式预测准确的样本量占选择该交通方式总样本量的比例。

$$IPCP = \frac{第 i 种交通方式预测准确的样本数}{第 i 种交通方式总体样本数} \quad (9-4)$$

结果如表 9-8 和图 9-4~图 9-9 所示,分方式的平均预测准确率 SVM 均比 MNL 模型高,特别对于样本量较小的自行车和电动车两种出行方式,SVM 准确率比 MNL 高很多,约 10%,说明 MNL 模型在样本量较少的数据上分类能力更差。

表 9-8 分方式平均预测准确率

	步行	自行车	电动车	公共交通	小汽车
SVM	68.95%	(16.34)%	10.73%	76.84%	44.70%
MNL	65.64%	5.52%	0.88%	75.53%	43.94%
差值	3.31%	10.82%	9.85%	1.31%	0.76%

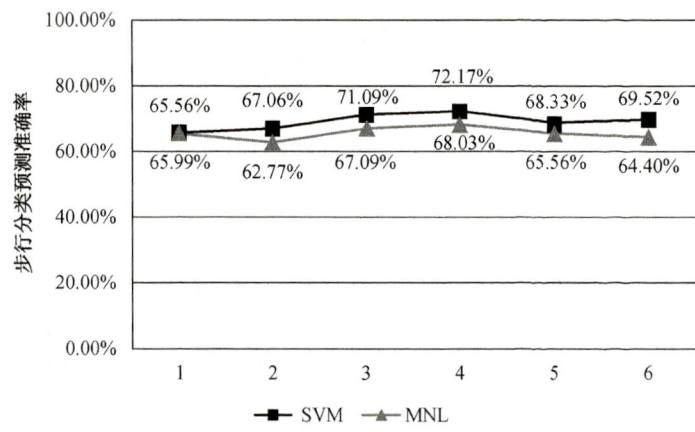

图 9-4 步行分类预测准确率

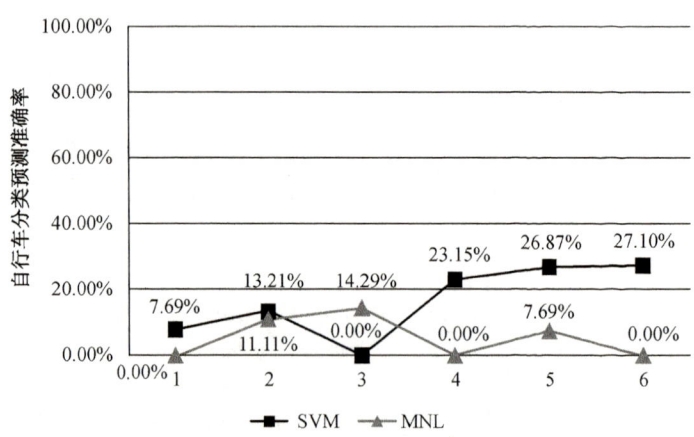

图 9-5 自行车分类预测准确率

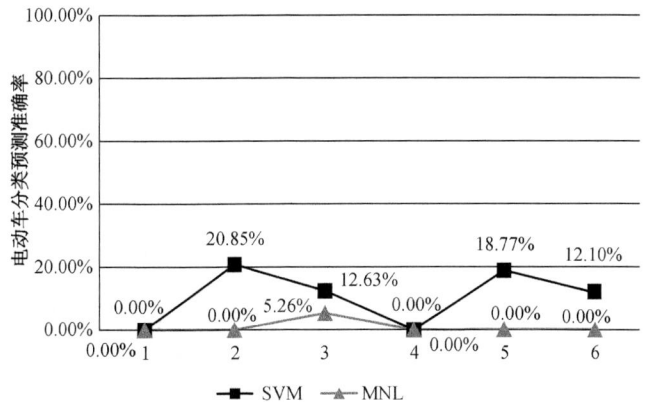

图 9-6　电动车分类预测准确率

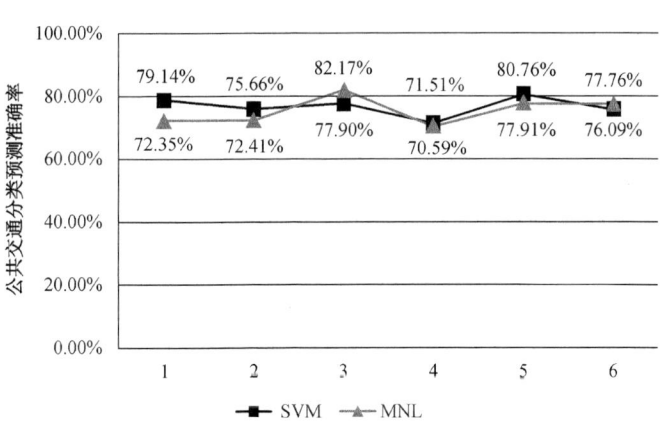

图 9-7　公共交通分类预测准确率

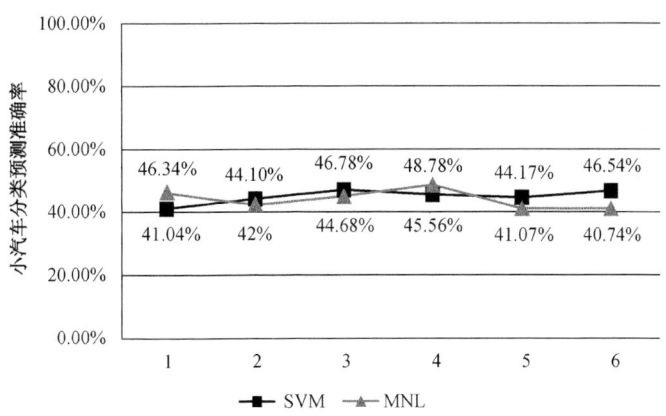

图 9-8　小汽车分类预测准确率

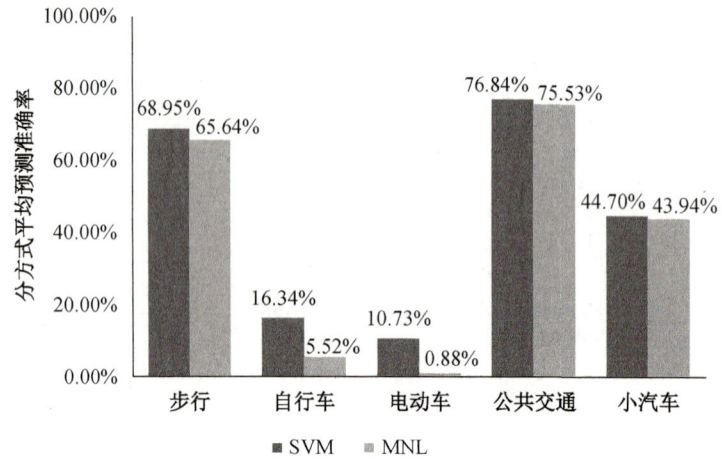

图 9-9　分方式的分类预测准确率对比

（2）总体分类预测准确率

总体分类预测准确率（Overall Percentage of Correct Predictions，OPCP）是指所有交通方式预测准确的样本量占总体样本量的比例。

$$OPCP = \frac{\text{所有交通方式预测准确的样本数}}{\text{总体样本数}} \quad (9-5)$$

从表 9-6 和表 9-7 可以看出，SVM 的总体分类预测准确率高于 MNL 模型的准确率，两者分别为 64.66% 和 61.94%。此外，6 次试验下来，SVM 预测准确率的方差为 1.67，而 MNL 预测准确率的方差为 4.82，说明 SVM 在低收入人群出行方式选择方面的预测能力较为稳定，方差较小。

（3）平均绝对百分比误差

平均绝对百分比误差（Mean Absolute Percentage Error，MAPE）为预测值与实际值的差值占实际值百分比的算术平均数。

$$MAPE = \frac{\sum_{i=1}^{5} |PE_i|}{5} \quad (9-6)$$

$$PE_i = \frac{X_i - F_i}{X_i} \quad (9-7)$$

其中，PE_i 表示第 i 种交通方式选择的百分比误差(Percentage Error)，X_i 表示第 i 种交通方式实际选择的样本数，F_i 表示第 i 种交通方式预测的样本数。

6 次试验中，每种交通方式在测试集样本中的构成情况如表 9-9 所示，SVM 模型和 MNL 模型预测结果如表 9-10 和表 9-11 所示，对比结果如表 9-12 所示。第 3 次试验中 SVM 模型的预测平均绝对百分比误差比 MNL 模型高 1.02%。但是，从 6 次试验整体来看，SVM 的预测平均绝对百分比误差要小于 MNL 模型。

表 9-9　试验中各交通方式在测试集样本中的实际构成情况

试验次序	步行	自行车	电动车	公共交通	小汽车
第 1 次试验	151	13	12	163	56
第 2 次试验	147	19	18	170	41
第 3 次试验	137	18	16	174	50
第 4 次试验	158	14	19	157	47
第 5 次试验	147	19	18	170	41
第 6 次试验	132	16	20	173	54

表 9-10　试验中 SVM 模型预测样本量的构成情况

试验次序	步行	自行车	电动车	公共交通	小汽车
第 1 次试验	99	1	0	129	23
第 2 次试验	99	3	4	129	18
第 3 次试验	97	0	2	136	23
第 4 次试验	114	3	0	112	21
第 5 次试验	100	5	3	137	18
第 6 次试验	92	4	2	132	25

表 9-11　试验中 MNL 模型预测样本量的构成情况

试验次序	步行	自行车	电动车	公共交通	小汽车
第 1 次试验	100	0	0	118	26
第 2 次试验	92	2	0	123	17

续表

试验次序	步行	自行车	电动车	公共交通	小汽车
第3次试验	92	3	1	143	22
第4次试验	107	0	0	111	23
第5次试验	96	1	0	132	17
第6次试验	85	0	0	135	22

表 9-12 平均绝对百分比误差

试验次序	1	2	3	4	5	6	均值
SVM	61.31%	55.82%	58.32%	57.52%	52.22%	53.73%	56.49%
MNL	63.06%	62.34%	57.30%	62.52%	61.55%	63.42%	61.70%
差值(SVM—MNL)	-1.75%	-6.52%	1.02%	-5.00%	-9.33%	-9.69%	-5.21%

从上文的分析可以看出，支持向量机比 MNL 模型在出行方式选择的预测能力要好，证明了支持向量机在出行方式选择预测分析中具有较好的适用性。因此在下文的研究中，将运用支持向量机的方法预测低收入人群在出行外界条件改变时，出行方式选择变化的情况，以对出行对策的效果进行评价。

9.3 基于一维敏感性分析的出行对策效果评估

9.3.1 一维敏感性分析

本节将支持向量机理论与敏感性分析方法进行结合，提出基于支持向量机的一维敏感性分析方法用于评估不同出行对策下，低收入人群出行方式选择的变化情况。该方法的原理类似边际效应分析，是指交通方式 i 的某一属性值变化 1 个单位，其他变量属性值保持不变时，出行者选择交通方式 i 前后概率的变化情况。

根据第 6 章的研究结论，影响低收入人群出行方式选择的外界因素有：个体经济社会属性特性（家庭规模、自行车拥有率、电动车拥有率、小汽车拥有率、性别、职业、驾照拥有率、公交卡拥有率、年龄、受教育程度），出行活动特征（出行链个数、总出行时耗、生存型活动时耗),主观态度属性(舒适性需求、方便性需求、可靠性需求、安全意识和环保意识)。从交通政策制定的角度出发,结合第 7 章的研究内容,相应的出行对策有以下几个方面:

① 提高自行车拥有率:如提供公共自行车服务;
② 提高公交卡拥有率:如优惠办卡、优惠持卡乘车等手段;
③ 满足舒适性需求对策:改善出行舒适性,如创建优质的步行环境;
④ 满足方便性需求对策:改善出行方便性,如缩短出行换乘距离;
⑤ 满足可靠性需求对策:改善出行可靠性,如公共交通增加到站预报机制;
⑥ 提高安全意识(满足安全性需求)对策:如加大交通违法惩罚力度;
⑦ 提高环保意识(满足环保需求)对策:如增强绿色出行教育、提高自行车出行质量。

下文就针对这 7 个方面的对策提出后,分析低收入人群出行方式选择变化的情况,其中,自行车拥有率和公交卡拥有率是离散变量,舒适性需求、方便性需求、可靠性需求、安全意识和环保意识是连续变量。支持向量机中离散变量和连续变量的一维敏感性分析过程如下:

(1) 离散变量

1DSA 计算公式如下:

$$1DSA_{discrete} = \frac{\Delta P_i}{\Delta X_{ik}} = P(y=i \mid X, X_{ik}=X_a) - P(y=i \mid X, X_{ik}=X_b)$$

(9-8)

式中,X_{ik} 表示出行方式 i 的 k 属性值前后变化情况,P_i 表示出行方式 i 的前后选择概率变化情况,X_a 表示出行方式 i 的 k 属性值变化后的值,X_b 表示出行方式 i 的 k 属性值变化前的值。针对本节研究的自行车拥有率和公交卡拥有率两个离散变量,自行车拥有率有 3 个属性值,分别是无、1 辆和 2 辆及以上;公交卡拥有率有 2 个属性值,分别是无和有。

(2) 连续变量

在第 7 章中的敏感性分析中,针对连续变量直接求该变量的偏微分即可。但是在支持向量机中,连续变量的一维敏感性分析操作过程类似于离散变量,即计算自变量变化 1 个单位前后某出行方式选择概率的变化情况。这里的 1 个单位是指变化 1 个标准差单位（$X_{ik} \pm \sigma$）。以舒适性需求为例，舒适性变量的标准差是 0.067 4，出行者 n 在舒适性为 0.12 时选择交通方式 i 的概率为 P_1，保持其他变量不变，在舒适性为 0.187 4（0.12＋0.067 4）时选择交通方式 i 的概率为 P_2，那么出行者 i 关于舒适性的一维敏感性则为 $P_2 - P_1$。舒适性需求、方便性需求、可靠性需求、安全意识和环保意识 5 个变量指标值的标准差如表 9-13 所示。

表 9-13　连续变量指标值的标准差

变量名称	舒适性需求	方便性需求	可靠性需求	安全意识	环保意识
标准差	0.067 4	0.163 7	0.179 1	0.398 5	0.324 9

9.3.2　预测评估结果

基于所有的 1 973 个样本进行一维敏感性分析，采用上节中训练集样本和测试集样本中总体分类准确率均最高的那一组试验中的 (C, r) 参数进行模型估计，即第 5 次试验，此时的训练集样本中分类准确率是 73.01%，测试集样本中分类准确率是 66.87%，$(C = 27.857\ 6, r = 0.006\ 8)$。

（1）提高自行车拥有率

自行车拥有率提高后各出行方式分担率预测结果如表 9-14 所示。自行车拥有率提高会增加自行车出行方式的选择概率，自行车的分担率从变化前的 3.65% 提高至 10.04%，增加 6.39%。此外，电动车的出行分担率也会增加，提高 2.34%。但是，步行、公共交通和小汽车的出行选择概率会降低，其中步行的分担率降低幅度最大，减少 5.47%。

表 9-14　自行车拥有率提高后方式分担率预测结果

出行方式选择	步行	自行车	电动车	公共交通	小汽车
变化前	37.05%	3.65%	4.16%	41.36%	13.79%
变化后	31.58%	10.04%	6.50%	38.42%	13.47%
差值（变化后—变化前）	-5.47%	6.39%	2.34%	-2.94%	-0.32%

(2) 提高公交卡拥有率

公交卡拥有率提高后各出行方式的分担率预测结果如表 9-15 所示。公交卡拥有率提高会极大增加公共交通的选择概率,公共交通的分担率从变化前的 41.36% 提高至 48.67%,增加 7.31%。但是,步行、自行车、电动车和小汽车的出行选择概率会降低,其中步行的分担率降低幅度最大,减少 3.39%。

表 9-15　公交卡拥有率提高后方式分担率预测结果

出行方式选择	步行	自行车	电动车	公共交通	小汽车
变化前	37.05%	3.65%	4.16%	41.36%	13.79%
变化后	33.66%	2.74%	3.40%	48.67%	11.54%
差值(变化后—变化前)	-3.39%	-0.91%	-0.76%	7.31%	-2.25%

(3) 满足舒适性需求对策

舒适性需求改善后各出行方式分担率预测结果如表 9-16 所示。舒适性需求改善会较大程度上增加小汽车的选择概率,小汽车的分担率从变化前的 13.79% 提高至 19.04%,增加 5.25%。此外,步行的选择概率会有略微增加,提高 0.91%。但是,自行车、电动车和公共交通的出行选择概率会降低,其中公共交通的分担率降低幅度最大,减少 4.94%。

表 9-16　舒适性需求改善后方式分担率预测结果

出行方式选择	步行	自行车	电动车	公共交通	小汽车
变化前	37.05%	3.65%	4.16%	41.36%	13.79%
变化后	37.96%	2.92%	3.67%	36.42%	19.04%
差值(变化后—变化前)	0.91%	-0.73%	-0.49%	-4.94%	5.25%

(4) 满足方便性需求对策

方便性需求改善后各出行方式分担率预测结果如表 9-17 所示。方便性需求提高会增加电动车和小汽车的选择概率,电动车的分担率从变化前的 4.16% 增加至 10.17%,增加 6.01%;小汽车的分担率从变化前的 13.79% 提高至 16.04%,增加 2.25%。但是,步行、自行车和公共交通的出行选择概率会降低,其中步行的分担率降低幅度最大,减少 4.59%。

表 9-17　方便性需求改善后方式分担率预测结果

出行方式选择	步行	自行车	电动车	公共交通	小汽车
变化前	37.05%	3.65%	4.16%	41.36%	13.79%
变化后	32.46%	2.82%	10.17%	38.52%	16.04%
差值（变化后—变化前）	-4.59%	-0.83%	6.01%	-2.84%	2.25%

(5) 满足可靠性需求对策

可靠性需求改善后各出行方式分担率预测结果如表9-18所示。可靠性需求提高会极大增加公共交通的选择概率，公共交通的分担率从变化前的41.36%增加至48.52%，提高7.16%。但是，步行、自行车、电动车和小汽车的出行选择概率会降低，其中步行的分担率降低幅度最大，减少4.95%。

表 9-18　可靠性需求改善后方式分担率预测结果

出行方式选择	步行	自行车	电动车	公共交通	小汽车
变化前	37.05%	3.65%	4.16%	41.36%	13.79%
变化后	32.10%	2.82%	3.53%	48.52%	13.04%
差值（变化后—变化前）	-4.95%	-0.83%	-0.63%	7.16%	-0.75%

(6) 提高安全意识对策

安全意识提高后各出行方式分担率预测结果如表9-19所示。安全意识提高会增加公共交通和小汽车的选择概率，公共交通的分担率从变化前的41.36%增加至44.52%，提高3.16%。小汽车的分担率从变化前的13.79%增加至15.04%，提高1.25%。但是，步行、自行车和电动车的出行选择概率会降低，其中步行的分担率降低幅度最大，减少2.85%。

表 9-19　安全意识提高后方式分担率预测结果

出行方式选择	步行	自行车	电动车	公共交通	小汽车
变化前	37.05%	3.65%	4.16%	41.36%	13.79%
变化后	34.20%	2.92%	3.33%	44.52%	15.04%
差值（变化后—变化前）	-2.85%	-0.73%	-0.83%	3.16%	1.25%

(7) 提高环保意识对策

环保意识提高后各出行方式分担率预测结果如表 9-20 所示。环保意识提高会增加步行、自行车和公共交通的选择概率,步行的分担率从变化前的 37.05% 增加至 37.90%,提高 0.85%;自行车的分担率从变化前的 3.65% 增加至 6.32%,提高 2.67%;公共交通的分担率从变化前的 41.36% 增加至 42.42%,提高 1.06%。但是,电动车和小汽车的出行选择概率会降低,其中小汽车的分担率降低幅度最大,减少 3.75%。

表 9-20 环保意识提高后方式分担率预测结果

出行方式选择	步行	自行车	电动车	公共交通	小汽车
变化前	37.05%	3.65%	4.16%	41.36%	13.79%
变化后	37.90%	6.32%	3.33%	42.42%	10.04%
差值(变化后—变化前)	0.85%	2.67%	-0.83%	1.06%	-3.75%

9.4 不同目标导向的交通对策制定

上文对低收入人群不同出行改善对策的效果进行了量化评估,选取出行方式选择分担率作为预测评价指标。可以看出,不同的交通对策下低收入人群的出行方式选择呈现较大差异。那么从政策制定者的角度出发,如何高效配置城市交通资源,有效地满足低收入者的出行需求,是本小节将要回答的问题,以绿色出行分担率最大化和公共交通出行分担率最大化两个目标导向进行阐述。

9.4.1 基于绿色出行分担率最大化

2013 年,交通运输部印发《加快推进绿色循环低碳交通运输发展指导意见》,提出要实现交通运输绿色发展、循环发展、低碳发展,到 2020 年,基本建成绿色循环低碳交通运输体系。近年来,各地政府部门也陆续出台了交通运输绿色、低碳发展的具体政策意见和相关考核指标。因此,城市管理者和政策制定者在制定城市交通发展策略时,要重点引导居民实现绿色出行。低收入人群作为城市出行者的重要组成部分,也要逐渐实现绿色出行。

本研究中的绿色出行方式包括:步行、自行车和公共交通。电动自行车不作为城市中一种绿色的交通方式,原因见于第 7 章中 7.3.2 节。不同出行对策对低收入人群绿色出行分担率的影响如表 9-21 所示,可以看出"提高公交卡拥有率""满足可靠性需求"和"提高环保意识"会增加低收入人群的绿色出行比例。"提高公交卡拥有率"可以提高绿色出行比例 3.01%,"改善可靠性需求"可以提高绿色出行比例 1.38%,"提高居民环保意识"可以提高绿色出行比例 4.58%。

表 9-21　出行改善对策对绿色出行分担率的影响

对策	提高自行车拥有率	提高公交卡拥有率	满足舒适性需求	满足方便性需求	满足可靠性需求	提高安全意识	提高环保意识
改善前	82.06%	82.06%	82.06%	82.06%	82.06%	82.06%	82.06%
改善后	80.04%	85.07%	77.30%	73.80%	83.44%	81.64%	86.64%
$P_{后}-P_{前}$	-2.02%	3.01%	-4.76%	-8.26%	1.38%	-0.42%	4.58%

9.4.2　基于公共交通出行分担率最大化

随着我国社会经济的高速增长,机动化、城市化带来了交通出行难题,交通服务难以契合城市发展。对低收入人群而言,交通问题更加严峻:一方面,城市高涨的房价使得低收入人群不断向城市边缘地区迁移,随着居住地点的外迁,职住分离严重,出行距离不断增加,受其自身经济条件约束,在交通方式选择上具有局限性;另一方面,便利的交通条件和完善的交通基础设施促进城市商业和服务业的发展,两者的聚集带动周边房价提升,高昂的房价把低收入人群挤出交通便利地区,低收入人群无法获得高效经济的出行服务。因此,改善低收入人群的出行条件要重点放在提高其出行机动性上。公共交通因其出行成本低,成为提高低收入者机动性首选的交通方式。

不同出行对策对低收入人群的公共交通出行分担率的影响如表 9-22 所示,可以看出"提高公交卡拥有率""满足可靠性需求""提高安全意识""提高环保意识"会增加低收入人群的公共交通出行比例。"提高公交卡拥有率"可以提高公共交通出行比例 7.31%,"改善出行可靠性"可以提高公共交通出行比例 7.16%,"提高出行安全意识"可以提高公共交通出行比例 3.16%,"提高居民环保意识"可以提高公共交通出行比例 1.06%。

表 9-22　出行改善对策对公共交通出行分担率的影响

对策	提高自行车拥有率	提高公交卡拥有率	满足舒适性需求	满足方便性需求	满足可靠性需求	提高安全意识	提高环保意识
改善前	41.36%	41.36%	41.36%	41.36%	41.36%	41.36%	41.36%
改善后	38.42%	48.67%	36.42%	38.52%	48.52%	44.52%	42.42%
$P_{后}-P_{前}$	-2.94%	7.31%	-4.94%	-2.84%	7.16%	3.16%	1.06%

9.4.3　交通对策制定建议

从表 9-21 看出,提高安全意识的对策会降低绿色出行比例,因此综合考虑"绿色出行分担率最大化"和"公共交通出行分担率最大化"两大目标,本研究认为应重点从如下 3 个方面制定低收入人群的交通改善政策:

(1) 提高公交卡拥有率

持有公交 IC 卡享受票价优惠,提高了低收入人群选择公共交通出行的意愿。管理部门可以为低收入者优惠甚至免费办理公交卡,此外,出台相关政策允许低收入人群在刷卡乘车时享受更多的票价优惠或换乘优惠。

(2) 满足出行可靠性政策

当低收入人群出行可靠性需求增加时,会较多地选择公共交通出行。管理部门应重点优先发展公共交通,通过设置公交专用车道和信号优先等手段给予公交运行的空间和时间优先。另外,建立完善的出行信息服务系统,提示车辆实时运行信息,让出行者时刻掌握车辆运行动态。更详细的措施可见于第 7 章 7.3.2 节满足可靠性需求的出行改善对策。

(3) 提高居民环保意识政策

当低收入人群环保意识增强时,会较多地选择步行、自行车和公共交通等绿色交通方式出行,对于建设"两型社会""低碳社会"具有重要的意义。政府管理部门应通过报纸、杂志、电视、广播等宣传媒体进行环保理念的宣传,定期开展"绿色出行、保护环境"等主题活动,逐渐培养绿色出行的文化和习惯。同时需要改善城市低收入人群的自行车出行环境,详细措施可见于第 7 章 7.3.2 节满足环境保护需求的出行改善对策。

第 10 章 城市低收入人群交通改善措施——以抚顺市为例

10.1 抚顺市简介

抚顺市,位于辽宁省东部,西距省会沈阳市 45 km,素有"煤都"之称,是国内重要的老工业基地。抚顺市辖新抚区、东洲区、望花区、顺城区 4 个市辖区,抚顺县以及新宾、清原两个满族自治县,抚顺经济开发区、抚顺胜利经济开发区 2 个经济开发区和抚顺高新技术产业开发区 1 个高新技术产业开发区。2015 年,城市建成区面积 120 km²,市区人口约 145 万,人均 GDP 为 64 302.8 元,机动化水平达 115 辆/千人。抚顺市是一个沿浑河而建的带状组团城市,城区南部和北部的路网发展受到山体阻隔,尤其是城市南部,矿坑和舍场连片阻隔。抚顺市现状中心城区用地图见图 10-1。

图 10-1 高清彩图

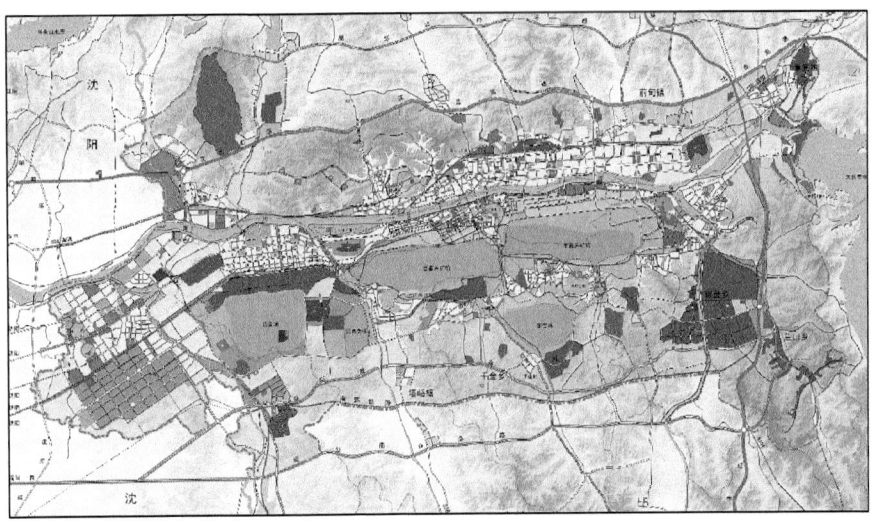

图 10-1 抚顺市现状中心城区用地图

2015年抚顺市中心城区共有79条公交线路，公交线路的总里程为1 186 km，线路网里程为314 km。居民平均出行次数为2.28次，平均通勤出行时耗为26.8 min，平均通勤出行距离为4.6 km。出行方式以步行为主，高达39.9%，其次则是公交车以及小汽车（包括自驾以及搭乘），分别为25.4%和18.6%，各出行方式分担率见图10-2。抚顺市目前在7条道路上设置了公交专用道，总里程约为26 km。各公交线路运送速度在15～25 km/h区间内波动，平均运送速度为19.93 km/h，公交运行状况较好。

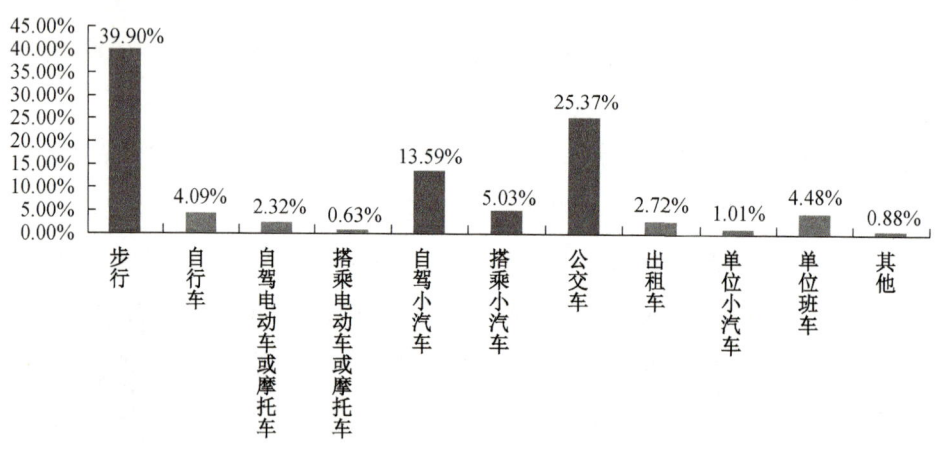

图10-2　各出行方式分担率

10.2　低收入人群出行保障目标

低收入人群作为社会性弱势群体，受自身经济条件约束，对交通服务的价格承受力较弱，可选择的交通方式有限，且往往居住地点交通供给条件匮乏，因而成为出行最为劣势的群体。因此，保障低收入人群正常出行，提出相应的改善策略是保障低收入人群利益，从而体现社会公平、正义，加快构建和谐社会的根本要求。低收入人群出行具有一般出行者的共性心理，即方便心理、快捷心理、舒适心理、安全心理、经济心理。同时，低收入人群出行又具有其特有的特征[100]：

(1) 交通供给条件制约性

在交通供给条件匮乏情况下,低收入人群往往可以采用步行、自行车等自由度相对较高的出行方式来满足出行需求。当步行、自行车、少次换乘公共交通等低成本出行方式不能满足出行需求时,他们往往降低生活品质,放弃出行。

(2) 经济成本制约性

对低收入人群而言,出行货币成本是影响出行决策的重要因素。他们经济条件处于弱势地位,因此往往从经济性的角度权衡自身的出行决策,宁可花费更多的时间,牺牲舒适性来换取货币成本的降低。

(3) 公共交通依赖性

随着我国城市社会经济的高速增长,城市建设用地规模逐步扩大,人民生活水平日益提高,交通需求强度(出行次数、出行距离)也不断提高,步行、自行车等体力出行方式已经很难满足人们的出行需求,因此相对廉价,具有社会公益性质的公共交通方式几乎成为低收入人群中长距离出行唯一可依赖的出行方式。

本书根据出行者共性需求,结合低收入人群出行特性,提出低收入人群出行保障目标层次、内涵及策略如表 10-1 所示。

表 10-1 低收入人群出行保障目标设定及主要策略

目标层次	内涵	策略	
第一层次 可达性	低收入人群可从特定位置出发,利用个人身体条件、经济条件、能力条件所允许的交通方式到达目的地点,参与社会经济活动	➢ 合理布局城市用地 ➢ 推广"公交+土地"开发 ➢ 引入快速公交模式 ➢ 保障慢行交通可达性	➢ 开辟外围公交线路 ➢ 配套新建外围场站
第二层次 经济性	尽可能降低低收入人群的交通成本,使其能够以可接受的出行成本(尤其是货币成本)实现出行意愿	➢ 保障公交优先路权 ➢ 提高公交信息化水平	➢ 合理配置公交车型 ➢ 交通要素补贴 ➢ 公交票价优惠
第三层次 安全 舒适性	在满足可达性、经济性要求的前提下尽可能降低体力消耗,保障身体、精神不受损伤	➢ 提高公共交通服务质量 ➢ 安全、美观型步行设施 ➢ 安全、美观型非机动车设施	

10.3 城市用地发展策略

城市交通问题产生的根源为交通供需失衡,因此改善城市交通服务的策略主要从"供""需"两方面着手。一方面,不断加强交通基础设施建设改善供给;另一方面,通过协调城市土地利用和交通之间的互动关系,从而优化交通需求分布,提高交通资源利用效率。根据当斯定律,"道路设施的建设速度永远赶不上交通需求增长速度",因此后者才是缓解城市交通问题的关键。

美国社会学家伯吉斯提出了同心圆式城市居住空间结构,他认为城市内部各功能区布局扩展和演变主要是源于外来人口的迁入。最初,城市中心是居住人口、工业、商业等功能集聚的地区。随着城市化水平的不断提高,原乡镇居民不断向城市区域范围迁徙,城市中心很难满足不断增长的人口居住、经济发展要求,城市开始由向心聚集式向离心分散式发展,目前我国大多数城市正处于该转折时期。对于单中心的城市发展结构而言,根据"地租理论",在同一块地上连续追加投资越多,则土地价值越高。因此,随着城市建设,核心区乃至中心城市的房价不断高涨,低收入阶层受经济条件限制,其居住地不得不向城市外围迁移,因此出现了低收入阶层居住郊区化现象,如图10-3所示。不同于西方

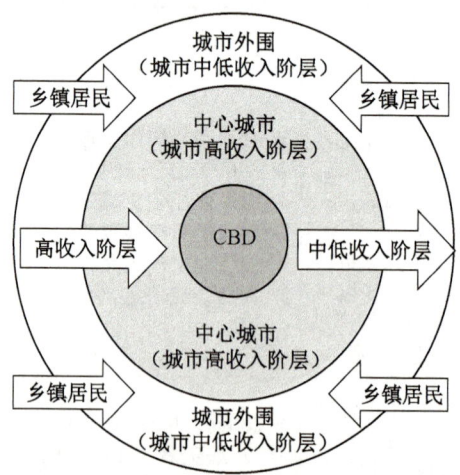

图10-3 城市低收入人群居住郊区化示意图

普及了小汽车以后的郊区化，我国的低收入阶层在交通工具的选择上处于劣势地位，主要依靠步行、自行车和公共交通，因此需要花费更多的时间在满足出行需求上。鉴于单中心城市发展模式的弊端，未来我国城市规划中宜采用"多中心的组团式"发展结构。多中心组团式城市结构在一定程度上使城市用地达到均质化，即各地块的交通可达、商业服务、教育娱乐、环境质量等区位影响因素比较接近，从而对低收入人群而言，居住环境的选择具有较大自由性，有利于改善低收入人群出行环境，提高生活品质。

就城市用地而言，区位因素将在很大程度上影响低收入人群的出行特性及出行成本，因此改善低收入人群居住区位迫在眉睫。在城市用地严格分区情况下，不同性质的土地地域性分离造成了大多数居民存在"职住分离"现象。人们不得不频繁地进行跨区域从而满足通勤出行、生活性出行需求，出行次数、出行距离不断上涨。对于机动化程度较低的低收入阶层而言，这样的城市用地布局无疑增加了其出行时间和费用消耗。因此，城市用地布局规划在强调功能分区的同时，应坚持适度混合的土地利用规划，重视各用地类型均衡化发展，平衡人口分布、经济发展以及生活设施配套建设。这样不仅能够就地解决人们居住、工作、购物等基本生活需求，降低其出行成本，同时还能减少跨片区出行次数，从而降低片区间通道的交通压力。

10.4 慢行交通系统改善策略

慢行交通系统的构成部分主要包括步行系统和自行车系统。当前我国城市化进程加速、能源供应压力增大的背景下，应大力发展与改善慢行交通系统环境，充分发挥其优势，实现慢行交通系统与公共交通的良好换乘衔接，使其发展走向系统化、舒适化和有序化。

良好的慢行交通系统可以满足低收入群体舒适性需求和环境保护需求。根据低收入人群出行方式数据分析，抚顺市低收入人群45.9%的出行会选择步行和自行车，一方面是低收入人群居住地点离工作地点比较近，另一方面是这两种交通方式经济成本几乎为零。因此，发展慢行交通，方便城市低收入人群的出行，既体现了以人为本、可持续发展理念，又有利于和谐社会的构建。

以抚顺市为例，抚顺市现状慢行设施主要结合城市道路布设，火车站前地区设有步行街，浑河北岸局部地区设有亲水步道，但并没有形成独立的慢行交通系统，各步行街区与慢行道路没有形成便捷的联系。

图 10-4　滨河休闲步道

另外，抚顺市机动车占用非机动车道行驶的现象严重，特别是几处跨河桥梁，在高峰期时均出现机动车占道行驶的现象，导致非机动车无法通行。

图 10-5　无法在非机动车道骑行的自行车

10.4.1 慢行单元划分及规划指引

城市不同区域由于土地利用特征不同、居民出行目的不同，其慢行出行特征也有所不同。以抚顺市城市总体规划中城市功能分区为基础，根据各区域内步行活动的不同特征划分慢行单元，并提出规划指引。

图 10-6 高清彩图

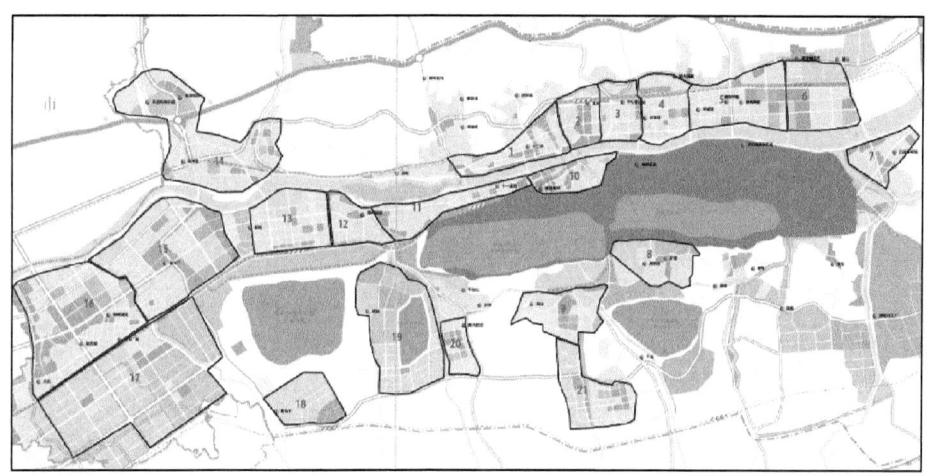

图 10-6 抚顺市中心城区慢行分区规划

规划抚顺市中心城区形成 21 个慢行分区，其中慢行主导发展区 8 个，慢行优先发展区 9 个，平衡发展区 4 个。各慢行分区的慢行特征及发展策略如表 10-2 所示。

表 10-2 抚顺市中心城区慢行分区规划情况

慢行分区	分区名称	分区编号	慢行特征	发展策略
慢行主导发展区	公共服务、商业核心区	1,2,6,16	慢行出行量大，过街需求强，对慢行环境要求高	以慢行为主导，处理好核心区小汽车停车与慢行空间的矛盾；注重商业慢行环境品质的提升以及慢行交通和公共交通的有序衔接
	交通枢纽地区	3,10,12,20	全天机动车交通量很大，慢行交通瞬间流量较大，以疏散人流为主，人行过街需求较大	强调快慢分离，减少慢行与机动车的冲突，注重立体化慢行设施的规划建设；做好慢行与公共交通、小汽车交通以及公路客运交通的接驳

续表

慢行分区	分区名称	分区编号	慢行特征	发展策略
慢行优先发展区	商住混合区	4,5,7,8,11,12,13,14,15	通勤及休闲慢行需求较大,安全与交通稳静化要求较高	强调快慢分离,保障慢行空间,处理好小汽车停车与慢行空间的矛盾
平衡发展区	工业区	17,18,19,21	以通勤慢行需求为主,慢行流量分布不均,峰谷流量明显	机动车与慢行交通协调发展,减少慢行网络与货运线路的冲突,保障交通安全;慢行网络与公交站点衔接便利

10.4.2 非机动车系统规划

根据客流需求、功能定位、设施配置等不同将抚顺市非机动车网络划分为5级,包括廊道、通道、连接道、共享网络、自行车休闲道。

廊道——依托抚顺城市干路建设,作为区域间非机动车交通主廊道,贯穿城市主要的居住区、就业区,承担通勤通学为目的的非机动车出行。规划形成"七横十纵"非机动车廊道网络。

通道——连通城市各片区和廊道的次级非机动车道,并与公共交通枢纽紧密衔接,具有分流和汇集廊道上的非机动车交通流的作用。

图10-7 高清彩图

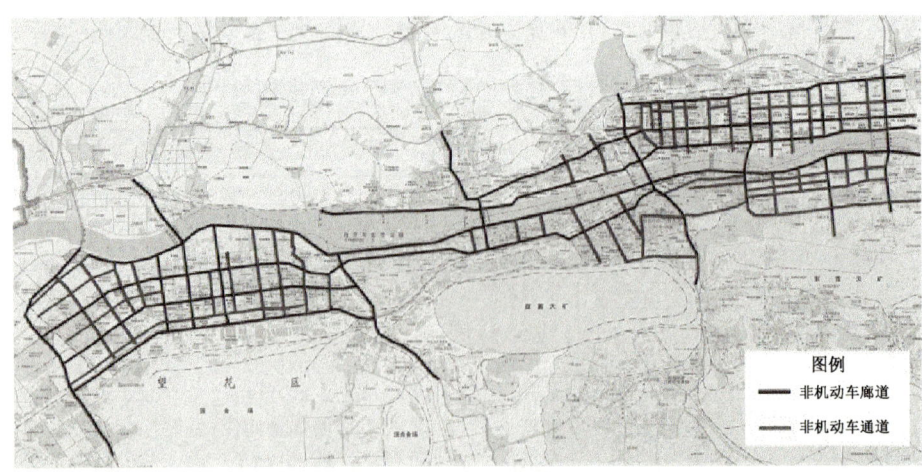

图10-7 抚顺中心城区非机动车廊道、通道规划图

连接道——作为廊道及通道两个层次非机动车网络的补充,通达抚顺市居民小区等重要自行车交通发生吸引点,承担非机动车交通连通功能,实现门到门的非机动车服务。

共享网络——依托城市街巷形成的供非机动车和步行使用的慢行专用道,禁止机动车行驶,进一步加密网络,尤其是大地块内部网络,提高网络通达性,规划布局模式如图10-8所示。

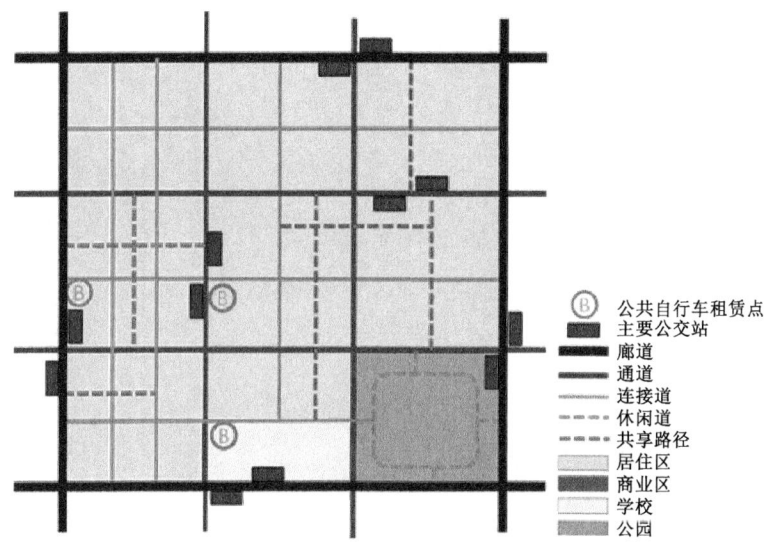

图 10-8　非机动车网络规划模式图

图 10-8　高清彩图

自行车休闲道——依托抚顺城市非机动车廊道、通道网,形成串联城市主要公园、景点、城市风貌区等的自行车休闲网络。规划形成沿滨河两岸的自行车休闲道,方便居民骑自行车沿河岸观光。

10.4.3　步行与公交换乘系统

步行系统与公共交通系统的衔接主要体现在节点的衔接上,尤其注重公交站点与步行网络、人行过街、地块共享路径、地块出入口、非机动车租赁点、非机动车停车场等慢行设施的衔接。人行过街与常规公交站台、地块出入口结合设置,平均过街间距不超过150 m。打通地块共享路网,提升步行路径网络连通

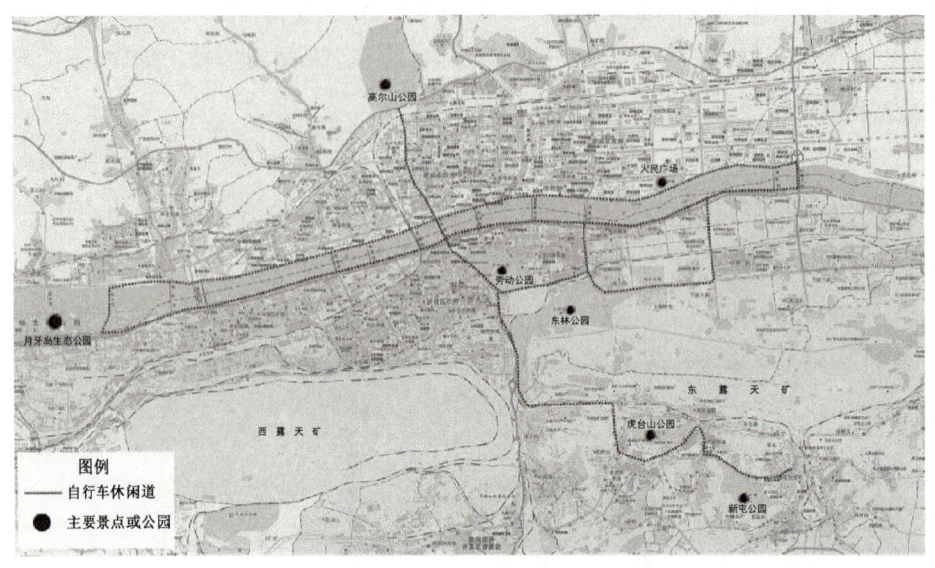

图 10-9　抚顺中心城区自行车休闲道规划图

度,方便人流集散(图 10-9)。

10.4.4　公共自行车系统规划

图 10-9　高清彩图

自行车因其经济、便利、耐用、节能、可达性好等的特点成为广大低收入人群出行的主要工具。公共自行车系统主要是指政府或其他组织在大型居住中心、商业核心、交通枢纽、旅游景点等主要客流集散点设置公共自行车租赁设施,为持有有效证件的人群提供自行车租赁服务,一般根据使用时间征收一定费用的城市交通系统。公共自行车出行可以作为公共交通工具的辅助性接驳方式,满足人们出行"最后一公里"难题,提高公共交通吸引力。公共自行车规划主要是指租赁点的布局规划。

① 租赁点布局形式选择

公共自行车租赁点布局形式主要有两种:"规模标准化,布点密度等级化"与"规模等级化,布点密度统一化"(图 10-10)。第一种形式中服务点间距不一,影响系统网络的便利性,不能迎合差异性需求量,容易出现出行需求量大的区域车辆供应不足,出行量需求小的区域车辆空置现象,这种布设方式不利于设施资源的高效利用。第二种形式网络密度均匀性好,形成满足布设间距的租赁点网络,并对使用需求量规模区分对待,在保证系统正常运行的情况下,有效利用设施资源。

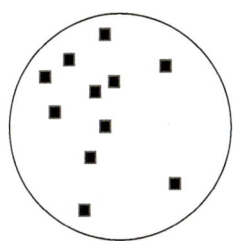 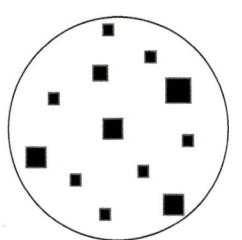

形式1:规模标准化,布点密度等级化　　形式2:规模等级化,布点密度统一化

图 10-10　公共自行车租赁点布局形式

② 租赁点布点原则

租赁点体系需要达到一定的规模,且分布均匀,平均密度建议值为 5~7 个/km²。主要与公交站点、住宅、工业区、院校、公建、景点等人流产生吸引点结合,一般划分为公交点、公建点、居住点、风景点 4 类,其特征及配车规模建议如表 10-3 所示。

表 10-3　公共自行车服务点建议规模表

服务点类型	服务点特征	配车规模(辆)
公交点	设置于常规公交枢纽站、首末站等附近,是公共自行车交通系统的核心,主要承担公共自行车与公交"零换乘"作用	20~30
公建点	主要设置于重要商业、文体活动中心等公建附近,是重要集散点,承担与公交衔接功能	15~20
居住点	设置在主要居住小区附近,构建系统终端服务网点,尽可能缩短步行时间,提升总体服务水平	10~15
风景点	服务于主要风景点及承担旅游功能的普通风景点,是与公交衔接的重要组成部分	10-15

10.5　公共交通服务改善措施

城市低收入人群受自身经济条件约束,对交通服务价格的承受力差,中远距离出行通常依赖于相对廉价、具有社会公益性质的公共交通方式。但便利的公交设施条件促进城市商业和服务设施的发展,两者的聚集带动周边房价提升,高昂的房价把最需要使用公共交通的低收入人群挤出公交服务便利地区,低收入人群无法获得高效经济的公交服务。由此可见,公交服务供需失衡成为制约低收入人群基本生活需求保障及生存能力提升要求的重要制约条件,公交服务改善迫在眉睫。根据建模的分析可知,公交卡的拥有情况、出行可靠性等因素对低收入人群是否选择公交出行具有显著影响。因此,在低收入人群居住区合理调整公交线路、改善公交站点设施,合理制定公交票价以及推广公交 IC卡,不仅能够减少低收入人群出行经济负担,而且能够吸引低收入人群乘坐公共交通,进而提高公交分担率,改善城市交通拥堵状况。

10.5.1 公交线路优化调整

根据边缘区低收入人群的出行特征和出行中考虑的主要因素(换乘次数和等车时间),应该循序开辟公交新线路、对常规公交线路进行调整,甚至开通早晚高峰的大站直达快车等,规划多层次公交线网,满足低收入人群多样化需求。

(1) 规划原则

尊重现状。保留原有合理的公交线路,充分考虑新的发展趋势和低收入人群乘车新需求,开辟适宜的公交线路,处理好与原来存在的旧公交线路的衔接。

以人为本,提高直达性,减少换乘次数。主要客流方向上尽量保证直达客流,提高直达性,减少换乘,提高速度。主干线路按最短路线布设,尽量缩短低收入人群总出行时间。

合理布设首末站。选择公交车的首末站位置应有足够的场地支持并且预留足够的用地面积,以实现直达运输,提高运输效率。

充分考虑与大型枢纽站之间的衔接。线网优化应考虑与火车站、汽车站等客流量较大的综合站场之间的衔接,保障低收入人群出行换乘方便快捷。

(2) 规划方法

在规划方法上,针对城市边缘低收入人群可采用客流追随型(SOD)的公交规划方式,重点保障该部分客流的低价优质服务。在具体线网布局上,注重把握城市边缘区低收入人群的通勤出行需求特征,重点建立与城市公共设施中心、城市就业岗位集中地区的便捷联系,减少"钟摆式"通勤公交的出行时间。

(3) 具体实例

抚顺市现状的公共交通线路共 79 条公交线路(图 10-11)。由于边缘地区公交线路较少,且绕行距离较远,导致抚顺市边缘地区存在服务盲区。

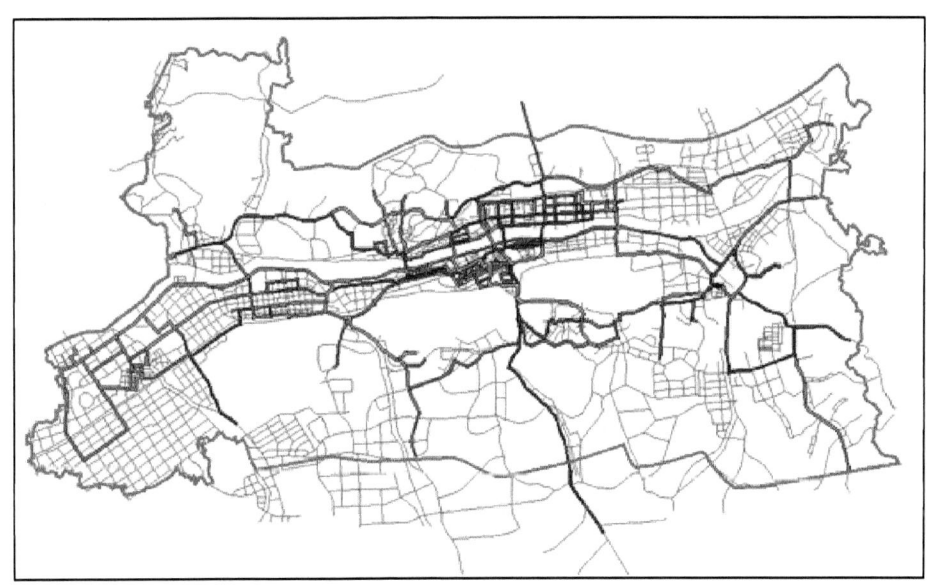

图 10-11　抚顺市现状公交线路示意图

图 10-11 高清彩图

为了切实改善抚顺市公交运营状况,保障边缘低收入人群出行方便快捷,依据公交线路优化原则及规划方法,在抚顺市原有公交线路的基础上,增加和调整部分线路,如图 10-12 所示。

通过对抚顺市公交线路的优化调整,基本覆盖到了抚顺市边缘区(图 10-13)保障了边缘区居民到达中心城区及就业岗位集中地区"有线可乘",切实满足低收入人群通勤出行的需求。

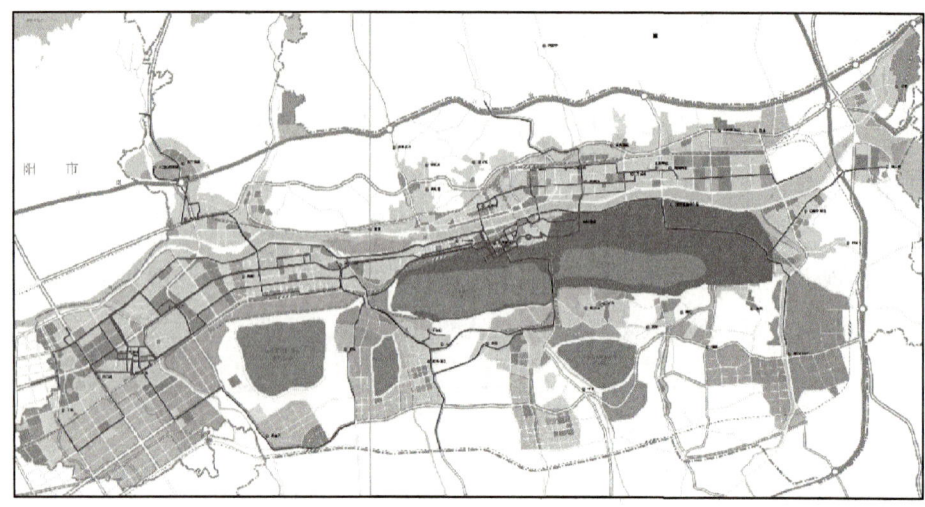

图 10-12　调整及增加线路示意图

图 10-12　高清彩图

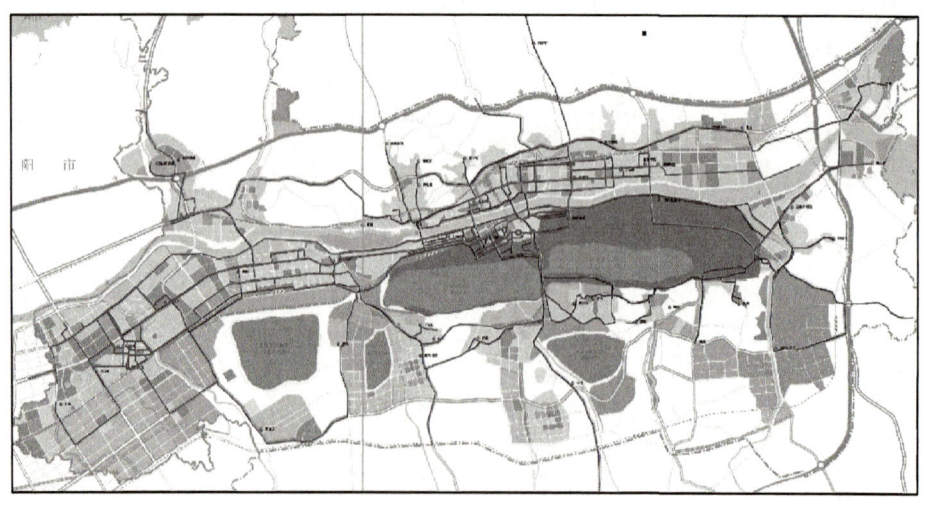

图 10-13　优化调整后公交线路示意图

图 10-13　高清彩图

10.5.2　公交站点改善

城市边缘低收入人群聚居区往往是城市公交服务的薄弱地

区，规划和规范规定的配套公交场站设施往往得不到真正的落实，公交场站也多规划为停车保养场或临时场站。公交站点建设的滞后使得部分新辟线路的布局、走向受到公交场站用地的影响而不得不延伸、改道，造成公交的服务范围受到影响。而由于市政工程的建设或其他项目的开发，边缘区公交起讫站点用地被征用的现象也常有发生。

对严重依赖公交出行的城市边缘区低收入人群来说，公交场站规模不足将严重降低公交服务范围和水准，出行难问题将继续延续。因此，为满足边缘区低收入人群的出行需要，体现公平、合理，必须根据实际需求并结合用地规划增加公交场站。

除了应规划公交场站，还应改善低收入人群居住区附近公交站台的设施，设置公交站台遮阳棚，提供座椅，设立电子显示牌，为低收入人群提供较为可靠的公交线路到站时间，让低收入人群能够较为准确地把握等待时间。

以抚顺市为例，由图 10-14 可以看出，抚顺市市区边缘的胜利组团、高湾组团、东台组团、前甸组团、方晓组团、石化新城、章党组团的公交站点覆盖率很低，说明市区边缘存在较大的公交服务盲区，外围片区低收入人群公交出行不方便。应在抚顺市外围片区增设公交站点，方便外围片区低收入人群的出行，减少步行距离。

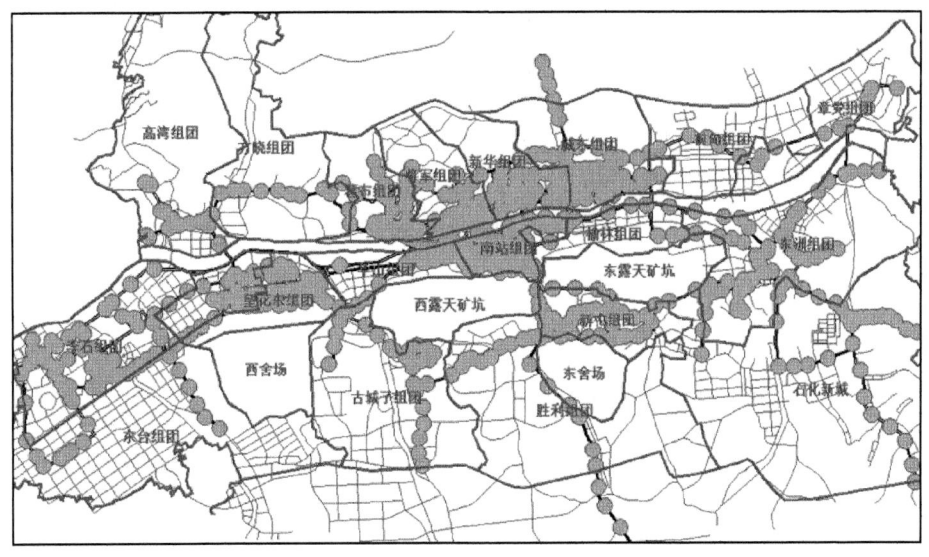

图 10-14　现状公交站点 300 m 半径覆盖率示意图

此外，抚顺市公交站点设施较为简陋（图10-15），建议在有条件的情况下，将公交站台改成港湾式公交站台，并增设电子公交站牌、挡雨棚、座椅（图10-16），为抚顺市居民尤其低收入人群营造一个良好的公交出行环境，提高公交的运营效率。

图 10-15　现状公交站台

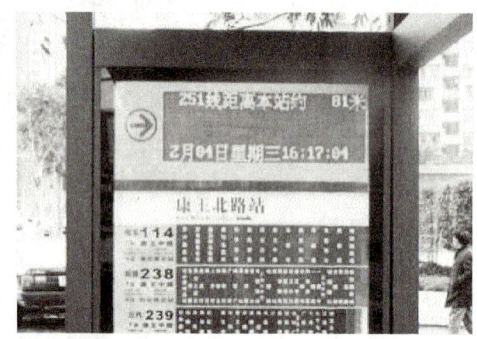

图 10-16　设施完善的公交站台

10.5.3　公交 IC 卡推广

由建模分析可知，公交 IC 卡的拥有与否对低收入人群通勤交通方式选择有显著影响。因此，推广公交 IC 卡，对于引导低收入人群的出行方式向"慢行交通＋公共交通"发展有着举足轻重的作用。

以抚顺市为例，公交 IC 卡的推广首先应该借助媒体的力量，进行广泛宣传,了解公交 IC 卡的便利性。其次在低收入人群居住或工作区附近举办优惠活动,方便快捷地为低收入人群办理公交 IC 卡。还可以举办免费乘车体验活动,让低收入人群切身感受到公交服务的方便快捷性。

10.6 交通补贴策略

低收入人群是社会性的交通弱势群体,受自身经济条件约束,交通出行具有很大的局限性。为切实提高低收入人群的出行条件,满足其出行意愿,提供一定的交通补贴是最为直接有效的方法。

10.6.1 交通补贴类型研究

一般来说,交通补贴根据补贴对象和补贴形式的不同可以分为以下 4 类,如表 10-4 所示:

表 10-4 交通补贴类型分析

补贴形式	补贴对象	
	对提供者的总额补贴	对使用者的总额补贴
	对提供者的要素补贴	对使用者的要素补贴

(1) 对提供者的总额补贴

对提供者的总额补贴简单地来说就是"亏多少补多少",是指根据交通运营企业(主要是公交企业)前一年的财政决算和运营计划确定补贴金额。这种补贴形式具有计算简单的特点,但缺乏指向性。无论是政策性亏损(由于政府公益性政策导致的亏损)还是经营性亏损(由于企业经营失误造成的亏损)都由政府承担,不仅加重了政府财政负担,而且效率不高,无法调动企业经营积极性,最终将陷入"越补越多,越补越差"的恶性循环。

(2) 对提供者的要素补贴

所谓对提供者的要素补贴,是指针对生产总成本中的某些项目进行补贴。就公共交通行业而言,主要包括基础设施建设投资、车辆购置补助以及燃油补贴。相对比提供者的总额补贴而言,这种补贴方式效率更高。补贴资金主要用于提高公交服务范围及质量,同时应对油价上涨、通货膨胀等外部影响因素,从而保持公交票价的稳定性,保持了客源和客流的相对稳定性。

(3) 对使用者的总额补贴

对使用者的总额补贴指的是将补贴以货币形式直接给予交通使用者,如很多职工的工资项目中的"交通费",每月以现金形式发放。该种形式的交通补贴,虽然名义上是用于改善出行,但实际上只是增加了出行者的收入,受益者可根据自身消费习惯及效用感知自由支配该部分补贴。这部分补贴很大程度上会被转移到储蓄或者其他消费中,不能有效改善使用者所获得的交通服务,更遑论影响出行者的出行习惯,促进"低碳、绿色"交通方式的发展。

(4) 对使用者的要素补贴

对使用者的交通要素补贴具有很强的针对性,完全用来补贴使用者的交通出行消费。该类型补贴主要采用票价优惠措施,一方面确保这部分补贴"专款专用",切实降低出行者的出行成本;另一方面利用补贴的经济杠杆作用培养受益者的出行习惯,引导出行方式转移,建立城市科学、合理、可持续发展的交通体系。

(5) 补贴类型比选

通过上述分析比较,得出各种补贴类型效率优先级如图 10-17 所示,相比总额补贴而言,要素补贴的效率更高,更为有效。其中针对提供者的要素补贴能够有效促进交通服务基础设施建设,全面提高服务范围及水平,从而使得全体交通使用者获益。而面向使用者的要素补贴则更加有效地施惠于实际出行者,从而真正实现交通服务为"公众"服务。同时,通过限定使用者范围,针对不同范围的使用者提供不同层次的交通补贴,有利于限制补贴对象数量,利用有限的资金尽可能帮助弱势群体,从而保障交通公平性。

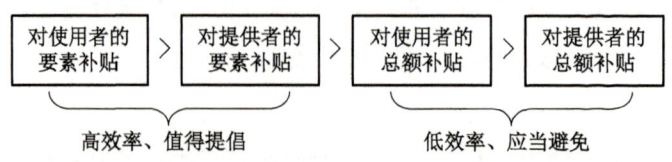

图 10-17　各类交通补贴效率对比

10.6.2 公交票价优惠政策

城市公共交通作为公益性事业,是低收入人群中长距离出行的主要载体,实行低票价等优惠政策是最为有效的补贴方式。

(1) 公交票价

目前,以廉价公交政策推行公交优先战略从而缓解城市交通压力,兼顾低收入人群出行效益的做法已然成为一种较常见的方式。目前,抚顺市的票价制度是:车厢现金票为单一票价每人次1元,IC卡共有"ABCD"4种卡型,其中ABC卡分别针对普通市民、职工和学生,D卡为专门针对高龄老人的免费卡。A卡(普通卡)0.90元/人次,B卡(专线卡)0.80元/人次,C卡(学生卡)0.40元/人次,对于多次换乘没有优惠政策。

应针对低收入人群,增设公交IC卡种,即针对低保户设立一种公交IC卡,给予一定的折扣价格。此外,公交票价费用依据不同时段和路线收取不同的费用,高峰时段降低公交票价,平峰时段采取统一价格;而对于外围的绕行距离较远的线路,制定比一般线路更低的价格;对于连续公交出行行为可以给予优惠。

(2) 优惠人群

票价优惠的目标是提升公共交通对特定客流或群体的吸引力。希望通过价格杠杆,释放交通经济弱势群体——低收入人群受经济因素影响所抑制的交通需求。目前,我国公交优惠措施所针对的对象主要是生理性交通弱势群体,如学生、残疾人、老年人等,而对于最需要优惠的经济性弱势群体却很少涉猎。为切实改善低收入人群的出行需求,必须将低收入人群纳入优惠人群范围,使其能够以更加优惠的价格享受公交服务。

此外,目前各城市票价优惠政策"地方化"色彩明显,一般只向拥有该城市户口的人群提供。外来务工人员等流动性人口作为城市建设的重要群体,收入水平相对较低,却无法获得公允的交通待遇,不仅损害了交通公平性也影响了城市形象。因此,在未来的"公交优先"措施中,需让长期居住在城市中,但尚未取得户籍的城市建设者也同时享受公交带来的优惠。

(3) 优惠票制

为鼓励乘客长期使用公共交通,形成较为稳定的客流,公交车票应提供多样化"长期票",并给予较大折扣。其主要形式包括日票、周票、月票,甚至针对长期固定出行的乘客可以考虑发行季票、年票等。时间范围越大,则优惠幅度越大。多样化的"长期票"满足了不同乘客的出行需求,而时间越长则优惠越大的优惠政策,能够有效降低依赖公交出行的居民的出行成本,同时鼓励长期固定使用公共交通方式。

为进一步扩大乘客出行范围,丰富路径选择,大幅提高公交网络的运行效率,从而增加公共交通方式的吸引力,必须完善公交换乘票价折扣策略,制定合理的公交系统内部换乘折扣机制和不同交通方式间的换乘折扣机制。对于公交系统内部而言,应实行票价联运计费机制,实现连续公交出行中换乘折扣,从而降低换乘对公交出行的负面影响,使其服务更加灵活;不同交通方式之间的换乘折扣则通过减免接运方式的停车、使用费用,从而提高公交服务吸引力。

10.6.3　交通补贴保障措施

(1) 政策保障

① 将交通改善纳入公共财政体系,统筹安排,重点扶持

对道路建设、公交线路、场站以及车辆等基础设施建设、维护、更新、管理,给予必须的政策性扶持和资金保障。城市公用事业附加费、基础设施配套费等政府性基金要用于城市交通建设,并向城市公共交通倾斜。

② 开拓多元化投资渠道

在地方性公共财政投入的基础上,鼓励社会资本(包括境外资本)以合资、合作或委托经营等方式参与城市交通建设和经营,通过实施特许经营制度,逐步形成国有主导、多方参与、规模经营、有序竞争的格局。

③ 建立规范的公共财政补贴制度

建立规范的成本费用评价制度及政策性亏损评估和补贴制度。明确城市公共交通公益性事业定位,坚持实行低票价政策,以最大限度吸引客流,提高城市公共交通工具的利用效率和吸引力。

（2）资金保障

① 推广"公交＋土地"联合开发制度

"公交＋土地"联合开发投融资模式的关键是政府给予公交公司线路沿线"土地发展权"，由公司负责线路周边用地的规划、建设、经营，并与开发商联合开发物业，从而获得土地开发增值利润，回收公交建设成本，同时积累开辟新线路的资金。这种模式带来多赢效果，如图10-18所示。对政府而言，无须筹措建设资金，更能收取客观地价收益；对公交公司而言，通过公交建设与土地开发的融合，两者紧密衔接提升客流和土地价值，有利于补贴低票价带来的政策性亏损；对市民而言，在获得方便的居住和出行环境的同时享受较低的出行费用支出。

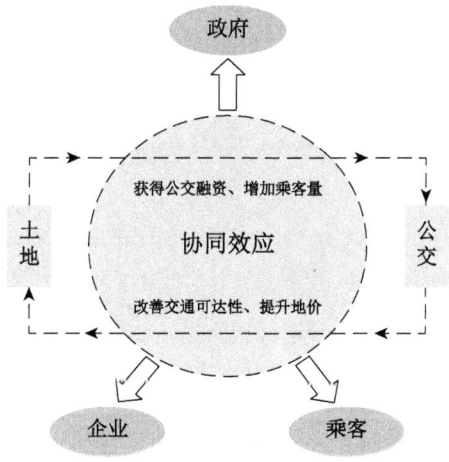

图10-18 "公交＋土地"联合开发模式

② 建立小汽车税费补贴交通制度

目前，小汽车快速发展过多地占用道路资源，造成交通拥堵并影响空气环境，需要进行控制和合理引导。实施小汽车交通需求管理是目前为缓解交通拥堵而普遍采取的交通政策。其中，通过征收私人小汽车相关税费并将其用于补贴城市交通建设是切实改善居民出行环境的重要举措，在国外一些城市中被广泛采用，并通过交通法案进行明确规定。为落实该项政策措施，可以通过立法，明确通过征收小汽车"车辆购置税、车辆拍卖税、燃油税、停车费、车船使用税、拥挤收费"等税费建立交通发展专项资金，以支持城市交通发展。

参 考 文 献

[1] 刘扬,赵春雨. 我国城镇低收入群体动态变迁及微观致贫因素分析——以北京市为例的考察[J]. 城市发展研究,2010,17(8):99-105.

[2] 毕晓莹. 面向城市低收入人群的交通改善策略研究[D]. 南京:东南大学,2013.

[3] 李爽. 中国城市居民收入差距研究[M]. 北京:中国计划出版社,2002.

[4] 游宏炳. 中国收入分配差距研究[M]. 北京:中国经济出版社,1998.

[5] United Nations Development Programme. Human Development Reports 1998 [M]. New York: Oxford University Press, 1998.

[6] 蔡昉. 中国人口与劳动问题报告 No.4(2003)——转轨中的城市贫困问题[M]. 北京:社会科学文献出版社,2003.

[7] Mallett W J. Long-distance travel by low-income households [J]. Transportation Research Circular, 2001:169-177.

[8] Srinivasan S, Roger P. Travel behavior of low-income residents: studying two contrasting locations in the city of Chennai, India [J]. Journal of Transport Geography, 2005, 13(3):265-274.

[9] Salon D, Gulyani S. Mobility, poverty, and gender: Travel "choices" of slum residents in Nairobi, Kenya [J]. Transport Reviews, 2010 (30):641-657.

[10] Pitombo C, Kawamoto E, Sousa A. An exploratory analysis of relationships between socioeconomic, land use, activity participation variables and travel patterns [J]. Transport Policy, 2011, 18(2):347-357.

[11] 李蕾. 大城市低收入人群出行感知成本研究[D]. 南京:东南大学,2014.

[12] 关宏志. 非集计模型——交通行为分析的工具[M]. 北京:人民交通出版社,2004.

[13] 常超凡. 城市居民短距离出行行为研究[D]. 北京:北京交通大学,2007.

[14] 李良. 城市居民出行方式效用与决策分析[D]. 武汉:华中科技大学,2007.

[15] 陈团生. 人群出行行为特征与分析方法研究[D]. 北京:北京交通大学,2007.

[16] 杨晨,陆建,王炜,等. 基于个体出行方式选择的自行车交通影响因素研究[J]. 交通运输

系统工程与信息,2007,7(4):131-136.

[17] 杨晨.城市自行车出行需求特性及其影响因素研究[D].南京:东南大学,2011.

[18] Li Z, Wang W, Liu P, et al. Physical environments influencing bicyclists' perception of comfort on separated and on-street bicycle facilities [J]. Transportation Research Part D: Transport and Environment,2012,17(3):256-261.

[19] 鲜于建川,隽志才.城市摩托车交通出行特征与出行方式选择行为研究[J].交通运输系统工程与信息,2008,8(5):136-140.

[20] 周雪梅,张显尊,杨晓光,等.基于交通方式选择的公交出行需求预测[J].同济大学学报(自然科学版),2007,35(12):1627-1631.

[21] 宗芳.基于活动的出行时间与方式选择模型研究[D].长春:吉林大学,2005.

[22] 褚浩然.基于活动分析的交通行为特征和方式选择模型研究[D].上海:同济大学,2005.

[23] 宗芳,隽志才.基于活动的出行方式选择模型与交通需求管理策略[J].吉林大学学报(工学版),2007,31(1):48-53.

[24] 李萌.基于活动链特征分析的出行方式选择模型研究[D].南京:东南大学,2008.

[25] 万霞,陈峻,胡文婷.基于出行方式和活动交互作用的小汽车使用预测模型[J].东南大学学报(自然科学版),2009,39(1):171-176.

[26] Yang M, Li D, Wang W, et al. Modeling gender-based differences in mode choice considering time-use pattern: analysis of bicycle, public transit, and car use in Suzhou, China [J]. Advances in Mechanical Engineering,2013(3):1-11.

[27] Bhat C R, Srinivasan S. A multidimensional mixed ordered response model for analyzing weekend activity participation [J]. Transportation Research Part B: Methodological, 2005,39(3):255-278.

[28] Ryley T. Use of non-motorised modes and life stage in Edinburgh [J]. Journal of Transport Geography,2006,14(5):367-375.

[29] Dieleman F M, Dijst M, Burghouwt G. Urban form and travel behavior: micro-level household attributes and residential context [J]. Urban Studies, 2002, 39 (3): 507-527.

[30] Bhat C R, Lockwood A. On distinguishing between physically active and physically passive episodes and between travel and activity episodes: an analysis of weekend

recreational participation in the San Francisco Bay area [J]. Transportation Research Part A: Policy and Practice, 2004, 38(8): 573-592.

[31] Li Z, Wang W, Yang C, et al. Exploring the casual relationship between bicycle choice and trip chain pattern [J]. Transport Policy, 2013, 29(3):170-177.

[32] Witlox F, Tindermans H. Evaluating bicycle-car transport mode competitiveness in an urban environment: an activity-based approach [J]. World Transport Policy & Practice, 2004, 10(4):32-42.

[33] Bhat C R, Mannerang F. Accommodating flexible substitution patterns in multi-dimensional choice modeling: formulation and application to travel mode and departure time choice [J]. Transportation Research Part B: Methodological, 1998, 32(7): 455-466.

[34] Burbige S K, Goulias K G, Kim T G. Travel behavior comparisons of active living and inactive living lifestyle [C]. The 85th Annual Meeting of the Transportation Research Board, CD-ROM, Washington, D. C. , 2006.

[35] Xia X, Guan H. A study of the travel mode choice model of Chinese urban elderly [C]. Proceedings of Challenges and Advances in Sustainable Transportation Systems, 2014: 42-48.

[36] Zacharias J. Non-motorized transportation in four Shanghai districts [J]. International Planning Studies, 2005, 10(3-4):323-340.

[37] Wardman M. Tight M, Page M. Factors influencing the propensity to cycle to work [J]. Transportation Research Part A: Policy and Practice, 2007, 41(4):339-350.

[38] Plaut P O. Non-motorized commuting in the US[J]. Transportation Research Part D: Transport and Environment, 2005, 10(5):347-356.

[39] Rietveld P. , Daniel, V. Determinants of bicycle use: do municipal policies matter? [J]. Transportation Research Part A: Policy and Practice, 2004, 38(7):531-550.

[40] Moudon AV, Lee C, Cheadle A D, et al. Cycling and the built environment, a US perspective [J]. Transportation Research Part D: Transport and Environment, 2005, 10(3):245-261.

[41] Pucher J, Renne J L. Socioeconomics of urban travel: evidence from the 2001 NHTS [J]. Transportation Quarterly, 2003, 57(3): 49-77.

[42] Muller S, Tscharaktschiew S, Haase K. Travel-to-school mode choice modeling and patterns of school choice in urban areas [J]. Journal of Transport Geography, 2008, 16(5): 342-357.

[43] Cheng L, Bi X Y, Chen X W. et al. Travel behavior of the urban low-income in China: case study of Huzhou City [J]. Procedia - Social and Behavioral Sciences, 2013, 96(6): 231-242.

[44] Kuhnimhof T, Chlond B, Huang P C. Multimodal travel choices of bicyclists-multiday data analysis of bicycle use in Germany [J]. Transportation Research Record: Journal of the Transportation Research Board, 2010, 2190: 19-27.

[45] Cheng L, Chen X, Wei M. et al. Modeling mode choice behavior incorporating household and individual socio-demographics and travel attributes based on rough sets theory [J]. Computational Intelligence and Neuroscience, 2014: 1-9.

[46] Mcfadden D. The theory and practice of disaggregate demand forecasting for various modes of urban transportation [R]. Washington D. C.: Department of Transportation, 1978.

[47] Hartgen D T. Attitudinal and situational variables influencing urban mode choice: Some empirical findings [J]. Transportation, 1974, 3(4): 377-392.

[48] Jensen M. Passion and heart in transport—a sociological analysis on transport behavior [J]. Transport Policy, 1999, 6(1): 19-33.

[49] Hagman O. Mobilizing meaning of mobility: car users' constructions of the goods and bads of car use [J]. Transportation Research Part D: Transport and Environment, 2003, 8(1): 1-9.

[50] Verplanken B, Walker I, Davis A. Jurasek, M. Context change and travel mode choice: Combing the habit discontinuity and self-activation hypotheses [J]. Journal of Environmental Psychology, 2008, 28(2): 121-127.

[51] Recker W, Stevens R F. Attitudinal models of modal choice: The multinomial case for selected nonwork trips [J]. Transportation, 1976, 5(4): 355-375.

[52] Grdzelishvili I Sathre R Understanding the urban travel attitudes and behavior of Tbilisi residents [J]. Transport Policy, 2011, 18(1): 38-45.

[53] Recker W W. Golob T F. An attitudinal modal choice model [J]. Transportation

Research, 1976, 10(5): 299-310.

[54] Paulssen M, Temme D, Vij A, et al. Values, attitudes and travel behavior: a hierarchical latent variable mixed logit model of travel mode choice [J]. Transportation, 2014, 41:873-888.

[55] Johansson M V, Heldt T, Johansson P. The effects of attitudes and personality traits on mode choice [J]. Transportation Research Part A: Policy and Practice, 2006, 40: 507-525.

[56] Heinen E, Maat K, Wee B. The role of attitudes toward characteristics of bicycle commuting on the choice to cycle to work over various distances [J]. Transport and Environment, 2011, 16:102-109.

[57] Kecman V. Support machines—an introduction [M]. New York: Springer-Verlag, 2005: 1-48.

[58] Zhang Y, Xie Y. Travel mode choice modeling with support vector machines [J]. Transportation Research Record: Journal of the Transportation Research Board, 2008, 2076:141-150.

[59] Yang Y, Yao E, Yue H, Liu Y. Trip chain's activity type recognition based on support vector machine [J]. Journal of Transportation Systems Engineering and Information Technology, 2010, 10 (6):70-75.

[60] Xian-Yu J C. Travel mode choice analysis using support vector machines [C]. Proceedings of ICCTP, Nanjing, 2011:360-371.

[61] Salazar D A, Velez J I, Salazar J C. Comparison between SVM and Logistic regression: which one is better to discriminate? [J]. Revista Colombiana de Estadística, 2012, 35 (2):223-237.

[62] Allahviranloo M, Recker W. Daily activity pattern recognition by using support vector machines with multiple classes [J]. Transportation Research Part B: Methodological, 2013, 58(3):16-43.

[63] Golob T F. Joint models of attitudes and Behavior in Evaluation of the San Diego 1-15 Congestion Pricing Project [J]. Transportation Research Part A: Policy and Practice, 2001, 35(6): 495-514.

[64] Galdames C, Tudela A, Carrasco J A. Exploring the role of psychological factors on

mode choice models using a latent variables approach [J]. Transportation Research Record: Journal of the Transportation Research Board, 2011, 2230:68-74.

[65] Golob T F, Hensher D A. Greenhouse gas emissions and Australian commuters' attitudes and behavior concerning abatement policies and personal involvement [J]. Transportation Research Part D:Transport and Environment, 1998, 3(1):1-18.

[66] Sakano R, Benjamin J M. A structural equations analysis of revealed and stated travel mode and activity choices [J]. Transportmetrica, 2008, 4(2):97-115.

[67] Garling T, Fujii S, Boe O. Empirical tests of a model of determinants of script-based driving choice [J]. Transportation Research Part F: Traffic Psychology and Behavior, 2001, 4(2):89-102.

[68] Outwater M, Castleberry S, Shiftan Y, et al. Attitudinal market segmentation approach to mode choice and ridership forecasting: structural equation modeling [J]. Transport Research Record: Journal of the Transportation Research Board, 2003, 1854:32-42.

[69] Golob T F, Mcnally M G. A model of activity participation and travel interactions between household heads [J]. Transportation Research Part B: Methodological, 1996: 31(3):177-194.

[70] Boomsma, A. The robustness of maximum likelihood estimation in structural equation models [M]// Cuttance P, Ecob R. Structral modeliny by example. New York: Cambridge Univeristy Press, 1987.

[71] Lu X, Pas E I. Socio-demographics, activity participation and travel behavior [J]. Transportation Research Part A: Policy and Practice, 1999, 33(1):1-18.

[72] 陈慧. 大城市低收入人群活动—出行特征研究[D]. 南京:东南大学, 2012.

[73] Li Z B, Wang W, Yang C, Ragland D R. Bicycle commuting market analysis using attitudinal market segmentation approach [J]. Transportation Research Part A: Policy and Practice, 2013, 47(4):56-68.

[74] Cheng L, Chen X W, Yang S. Daily trip chain pattern of low income residents in China: Analysis on the role of socio-demographics and landuse [C]. The 94th Annual Meeting of the Transportation Research Board, CD-ROM, Washington D. C., 2015.

[75] Yang M, Wang W, Chen X, et al. Empirical analysis of commute trip chaining: Case

study of Shangyu, China [J]. Transportation Research Record: Journal of the Transportation Research Board, 2007, 2038:139-147.

[76] Alpizar F, Carlsson F. Policy implications and analysis of the determinants of travel mode choice: An application of choice experiments to metropolitan Costa Rica [J]. Working Papers in Economics, 2003, 8(4):603-619.

[77] Atasoy B, Glerum A, Bierlaire M. Mode choice with attitudinal latent class: A Swiss case-study [C]. The 2nd International Choice Modeling Conference, Leeds, 2011.

[78] Atasoy B, Glerum A, Bierlaire M. Attitudes towards mode choice in Switzerland [R]. Transport and Mobility Laboratory, School of Architecture, Civil and Environmental Engineering, École polytechnique fédérale de Lausanne, Switzerland, 2012.

[79] Chen H, Gan Z, He Y. Choice model and influencing factor analysis of travel mode for migrant workers: Case study of Xi'an, China [J]. Discrete Dynamics in Nature and Society, 2015:1-9.

[80] Badoe D A, Miller E J. An automated segmentation procedure for studying variations in mode choice behavior [J]. Journal of Advanced Transportation, 1998, 32(2):190-215.

[81] Paez A. Exploring contextual variations in land use and transport analysis using a probit model with geographical weights [J]. Journal of Transport Geography, 2006, 14 (3), 167-176.

[82] Brand D, Parody T E, Kiefer M R. Estimating user benefits for high speed ground transportation systems [C]//Comperndium of Technical papers, 64th ITE Annual Meeting, 1994:338-342.

[83] Ma J, Mitchell G, Heppenstall A. Daily travel behavior in Beijing, China: An analysis of workers' trip chains, and the role of socio-demographics and urban form [J]. Habitat International, 2014, 43:263-273.

[84] Xian-Yu J C, Juan Z C, Gao L J , et al. Empirical analysis of commuters' nonwork stop-making behavior in Beijing, China [J]. Journal of Transportation Engineering, 2011, 137(5):360-369.

[85] Wallace B, Barnes J, Scott R. Evaluating the effects of traveler and trip characteristics on trip chaining, with implications for transportation demand management strategies [J]. Transportation Research Record: Journal of the Transportation Research Board,

2000, 1718:97-106.

[86] Dill J, Voros K. Factors affecting bicycling demand: Initial survey findings from the Portland, Oregon, Region [J]. Transportation Research Record: Journal of the Transportation Research Board, 2007, 2031:9-17.

[87] Anable J. Complacent car addicts or aspiring environmentalists? Identifying travel behavior segments using attitude theory [J]. Transport Policy, 2005, 12 (1):65-78.

[88] Shiftan Y, Outwater M L, Zhou Y S. Transit market research using structural equation modeling and attitudinal market segmentation [J]. Transport Policy, 2008, 15(5):186-195.

[89] Pronello C, Camusso C. Travelers' profile definition using statistical multivariate analysis of attitudinal variables [J]. Journal of Transport Geography, 2011, 19(6): 1294-1308.

[90] Steg L. Car use: lust and must. Instrumental, symbolic and affective motives for car use [J]. Transportation Research Part A: Policy and Practice, 2005, 39 (2-3): 147-162.

[91] Steg L, Vlek C, Slotegraaf G. Instrumental-reasoned and symbolic affective motives for using a motor car [J]. Transportation Research Part F: Traffic Psychology and Behavior, 2001, 4(3):151-169.

[92] Steg L, Geurs K, Ras M. The effects of motivational factors on car use: A multidisciplinary modelling approach [J]. Transportation Research Part A: Policy and Practice, 2001, 35 (9):789-806.

[93] Gardner B, Abraham C. What drives car use? A grounded theory analysis of commuters' reasons for driving [J]. Transportation Research Part F: Traffic Psychology and Behavior, 2007, 10 (3):187-200.

[94] Anable J, Gatersleben B. All work and no play? The role of instrumental and affective factors in work and leisure journeys by different travel modes [J]. Transportation Research Part A: Policyand Practice, 2005, 39 (2-3):163-181.

[95] Elmore Y R. A Handbook: Using market segmentation to increase transit ridership [R]. TCRP Report 36, Transportation Research Board, National Research Council, Washington D. C. , 1998.

[96] Guiliano G, Hayden S. Marketing public transport [M]// Hensher D, Button K J. Handbooks in Transport. Qxford: Pergamon Press, 2005: 635-649.

[97] Suykens J A K, Gestel T V, Brabanter J D, et al. Least squares support vector machines [M]. Singapore: World Scientific Publishing Co. Pte. Ltd., 2002.

[98] Delen D, Sharda R, Bessonov M. Identifying significant predictors of injury severity in traffic accidents using a series of artificial neural networks [J]. Accident Analysis and Prevention, 2006, 38 (3):434-444.

[99] Chang C C, Lin C J. LIBSVM: A library for support vector machines [EB/OL]. (2007). https://www.csie.ntu.edu.tw/~cjlin/libsvm/

[100] 杜影. 基于感知成本的低收入人群通勤交通方式选择研究[D]. 南京: 东南大学, 2015.